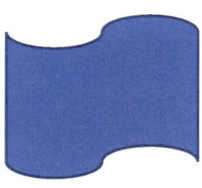

Conceitos Bíblicos

Volume II

Conceitos Bíblicos

Abdenal Carvalho

DEDICATÓRIA

Desejo homenagear com o primeiro volume desta série aos verdadeiros autores desta obra: Deus Pai, Deus Filho e o Deus Espírito Santo, que por sua incomparável misericórdia escolheram me inspirar para criar, escrever e publicar esta importantíssima obra que com toda certeza enriquecerá bastante o conhecimento de cada leitor e o levará a conhecer mais do infinito amor que o Senhor tem por cada um de seus escolhidos.

SUMARIO

INTRODUÇÃO

Amar é um dom divino que somente aqueles que vivem na luz de Deus podem sentir, o homem mau e escravo das trevas não terá, jamais, acesso a este sentimento que vem diretamente do Espírito para a alma humana. O amor é uma força inexplicavelmente poderosa e capaz de mudar todas as coisas, onde se faça presente.

É a energia que conduz a vida na direção eterna, o caminho mais perfeito da felicidade. A maior definição para o amor encontra-se no evangelho escrito pelo apóstolo João, quando disse: "E Deus amou o mundo de tal maneira, que deu seu Filho Unigênito para que todo aquele que nele crê não pereça, mas tenha a vida eterna"(João 3:16) A maior e mais completa prova de amor já demonstrada veio do próprio Criador.

Pois, quando ainda vivíamos em nossos delitos e pecados ele enviou Jesus para nos ensinar sobre as verdades eternas e nos desviar dos caminhos da morte. Para curar, libertar, salvar e transformar todo e qualquer pecador numa nova criatura. Paulo, escrevendo para os irmãos no objetivo de lhes fortalecer a fé e a certeza de que eram verdadeiramente amados pelo Senhor. A respeito disso afirmou-lhes:

A "Porque Cristo, estando nós ainda fracos, morreu a seu tempo pelos ímpios. Porque apenas alguém morrerá por um justo. Pois poderá ser que pelo bom alguém ouse morre. Mas Deus prova o seu amor para conosco, em que Cristo morreu por nós, sendo nós ainda pecadores. Logo muito mais agora, tendo sido justificados pelo seu sangue. Seremos por ele salvos da ira. Porque se nós, sendo inimigos, fomos reconciliados com Deus pela morte de seu Filho. Muito mais, tendo sido já reconciliados, seremos salvos pela sua vida (Romanos 5:6-10)

Observemos que ele não levou em conta nossas rebeldias, apenas se dispôs a nos amar de maneira incondicional, sem nos pedir nada em troca. sem lançar no rosto que estava fazendo um sacrifício por nós, sem que merecêssemos isto. O Senhor decidiu, por si mesmo, crucificar a Cristo no madeiro e ali derramar seu sangue puro.

Sem mácula alguma de pecados, afim de dar ao homem que vive alienado a oportunidade de reconciliação. Semelhantemente, todos nós, devemos imitar tamanha misericórdia e aprender a perdoar nossos inimigos. Oferecendo a cada um deles a chance se reconhecer suas fraquezas e ajudá-los, na medida do possível. A mudar suas condutas de rebeldias, levando-os a se voltarem para Deus e parar de nos perseguir com ódio mortal.

Agindo assim, estaremos sendo semelhantes a Deus. Pois foi isto que ele fez, quando ainda éramos declarados seus inimigos e vivíamos envoltos em trevas, carregando no coração a mancha da revolta e do mal. impulsionados a perseguir. E tentar de todas as formas destruir quem andasse dignamente. Jesus, ao fazer seu discurso durante o sermão do monte.

Fez questão de deixar claro que o perdão é a maneira mais correta de provar que amamos a alguém, e que perdoar necessário para que Deus possa. Também, apagar nossas transgressões e nos aceitar como dignos de comparecer na sua santa presença

"Porque, se perdoardes aos homens as suas ofensas, também vosso Pai celestial vos perdoará a vós. Se, porém, não perdoardes aos homens as suas ofensas, também vosso Pai vos não perdoará as vossas ofensas" (Mateus 6:14,15) Por mais que nos esforcemos para possuir características morais que nos dê a aparência de seres honestos. E de índole irrepreensível, se não tivermos a capacidade de mar nossos semelhantes como exigem as Escrituras, de nada adiantará.

Paulo, o apóstolo de Cristo, deixa isto claro na sua declaração aos cristãos de Coríntios: "Ainda que eu falasse as línguas dos homens e dos anjos, e não tivesse amor, seria como o metal que soa ou como o sino que tine. E ainda que tivesse o dom de profecia. E conhecesse todos os mistérios e toda a ciência, e ainda que tivesse toda a fé, de maneira tal que transportasse os montes. E não tivesse amor, nada seria.

E ainda que distribuísse toda a minha fortuna para sustento dos pobres, e ainda que entregasse o meu corpo para ser queimado, e não tivesse amor, nada disso me aproveitaria. O amor é sofredor, é benigno; o amor não é invejoso; o amor não trata com leviandade, não se ensoberbece. Não se porta com indecência, não busca os seus interesses, não se irrita, não se porta mal. Não folga com a injustiça, mas folga com a verdade. Tudo sofre, tudo crê, tudo espera, tudo suporta.

O amor nunca falha; mas havendo profecias. Serão aniquiladas; havendo línguas, cessarão; havendo ciência, desaparecerá" (1 Coríntios 13:1-8) Se o mundo atual se encontra dominado pela corrupção, a violência. A hipocrisia e todo tipo de maldade, é porque o ser humano desistiu de buscar o amor divino.

Substituindo-o pelas paixões superficiais da modernidade que tem se esforçado ao máximo para ocupar o lugar de Deus no coração humano E na realidade já ganhou bastante terreno nesta área. Na realidade, esfriou-se dentro de cada indivíduo a antiga chama do amor de Deus que habitou dentro do homem no momento em que ele foi criado no Éden. Quando foi soprado nas narinas do boneco de barro o fôlego de vida que lhe transformou num ser vivente, com alma e espírito, na semelhança daquele que o criou.

Depois da queda de Adão, o primeiro ser humano feito a imagem de Deus, o mal teve liberdade sobre a vida que ele recebeu e, pela influência do pecado, que é a poderosa arma de Satanás, se tornou num rebelde. Perdeu o prazer pela convivência ao lado do Senhor e perdeu-se nos enganos do Diabo, que o tem escravizado debaixo de seus pés.

O "perfeito amor de Deus", portanto, é uma obra criada para levar o leitor a entender os esforços feitos por Deus para tentar convencer esta humanidade, que segue cega em seu orgulho de não admitir que nele precisa encontrar liberdade e salvação. Que seu amor por todos os homens é maior que tudo, ao ponto de abrir mão da vida do próprio Filho para nos resgatar para si. E, a esperança dele é que assim aconteça e muitas almas ainda possam ser salvas da escravidão em que se encontram.

Pois seu maior "sonho" é que um dia o homem pare com essa rebeldia que já perdura por tantos séculos e compreenda o seu imenso amor. Nos capítulos que seguem, o leitor poderá conferir algumas das suas principais formas de nos amar e refletir no quanto somos amados por este Ser tão poderoso.

Que se faz precisar de nós para semear a semente do evangelho neste mundo e ajudá-lo a salvar outras vidas. Deus não precisa de nossa ajuda para mudar as pessoas, mas nos deu esta missão, como igreja, porque nos ama.

Primeira Parte 1 - Seu Perfeito Amor

Q uando o Senhor usou Isaías para dizer ao povo israelita que seus caminhos e pensamentos eram mais altos do que o pensar e o proceder deles, estava tentando explicar que a sua maneira de amar é perfeita o bastante para jamais julgar ou punir nossos erros imerecidamente.

Seu amor lhe permite a paciência necessária para aguardar que reconheçamos o quanto estamos errados. E com isso venhamos a endireitar nossas veredas. Lhe permite entender o quanto somos fracos e precisamos de sua ajuda a todo instante, que sem a sua proteção tropeçaremos diariamente nos nossos próprios pecados.

Lhe faz sentir a dor que sentimos a cada decepção e angústia sofrida, sempre que erramos o alvo na vida. Observa compadecido nossas lágrimas e tristezas, compreende quando enfraquecemos na fé e duvidamos das providencias divinas. Ele sempre se faz presente nos momentos mais difíceis, diante das dificuldades quase intransponíveis, disposto a estender as mãos para nos ajudar a sair do abismo.

Nós é que dificilmente paramos para perceber os cuidados que ele tem para conosco. Numa época em que Israel se via cercada de inimigos e tudo parecia perdido, a nação estava devastada pelos constantes ataques e começava a perder a esperança de livramento. Da boca do profeta Deus trouxe uma palavra de ânimo para todos os desvanecidos, e reafirmou seu prazer em ajudá-los: "texto em Isaías " Nosso maior defeito é esquecermos de olhar para o alto.

E lembrarmos que somente de lá podemos receber o socorro que precisamos, perdemos tempo buscando solução para nossos problemas em outras pessoas tão limitadas quanto nós. E deixamos de pedir que o Deus de todo o universo venha ao nosso auxilio. Este mesmo erro cometeu Israel quando deixaram de confiar no livramento do Senhor e refugiavam-se no Egito, ao fugir de seus inimigos mais fortes e mais poderosos que eles.

No invés de clamar pela providência divina: "Ai dos que descem ao Egito a buscar socorro, e se estribam em cavalos. E têm confiança em carros, porque são muitos e nos cavaleiros, porque são poderosos; e não atentam para o Santo de Israel, e não buscam ao SENHOR.

Porque os egípcios são homens, e não Deus; e os seus cavalos, carne, e não espírito; e quando o Senhor estender a sua mão Tanto tropeçará o auxiliador, como cairá o ajudado, e todos juntamente serão consumidos (Isaías 31:1,3) Mas, o amor do Senhor é incomparável, nada pode ser igualado a ele, pois é feito de justiça e beneficência Então, ele nos aceita com tantos defeitos, e depois nos apoda segundo a perfeição de seu próprio caráter, santificando nossas impurezas e corrigindo nossas imperfeições.

Tornando-nos mais dignos de lhe pertencer. Foi este amor que nos deu nova chance de sermos salvos, pelo sacrifício da cruz de Cristo. Hoje, o mais vil pecador pode ser renovado numa nova criatura e todas as suas impiedades perdoadas e apagadas. A cédula do pecado que praticou será rasgada e passará a viver justificado diante de seu Deus. Certa ocasião.

Quando os israelitas se perguntavam qual seria o destino espiritual do homem que cometia maldades e qual a recompensa daquele que procurava viver dignamente. O Senhor usou o profeta para esclarecer esta dúvida: "Eis que todas as almas são minhas; como o é a alma do pai, assim também a alma do filho é minha: a alma que pecar, essa morrerá. Sendo, pois, o homem justo, e praticando juízo e justiça.

Não comendo sobre os montes, nem levantando os seus olhos para os ídolos da casa de Israel, nem contaminando a mulher do seu próximo. Nem se chegando à mulher na sua separação. Não oprimindo a ninguém, tornando ao devedor o seu penhor, não roubando, dando o seu pão ao faminto, e cobrindo ao nu com roupa, não dando o seu dinheiro à usura.

E não recebendo demais, desviando a sua mão da injustiça. E fazendo, ele, o verdadeiro juízo entre homem e homem, andando nos meus estatutos, e guardando os meus juízos, e procedendo segundo a verdade. O tal justo certamente viverá, diz o Senhor DEUS. E se ele gerar um filho ladrão, derramador de sangue, que fizer a seu irmão qualquer destas coisas e não cumprir todos aqueles deveres. Mas, antes, comer sobre os montes, e contaminar a mulher de seu próximo.

Oprimir ao pobre e necessitado, praticar roubos, não tornar o penhor, e levantar os seus olhos para os ídolos, e cometer abominação. E emprestar com usura, e receber demais, porventura viverá? Não viverá. Todas estas abominações ele fez, certamente morrerá; o seu sangue será sobre ele.

E eis que também, se ele gerar um filho que veja todos os pecados que seu pai fez e, vendo-os, não cometer coisas semelhantes. Não comer sobre os montes, e não levantar os seus olhos para os ídolos da casa de Israel, e não contaminar a mulher de seu próximo. E não oprimir a ninguém, e não retiver o penhor, e não roubar, der o seu pão ao faminto, e cobrir ao nu com roupa, desviar do pobre a sua mão.

Não receber usura e juros, cumprir os meus juízos, e andar nos meus estatutos, o tal não morrerá pela iniquidade de seu pai; certamente viverá. Seu pai, porque praticou a extorsão, roubou os bens do irmão, e fez o que não era bom no meio de seu povo. Eis que ele morrerá pela sua iniquidade. Mas dizeis: Por que não levará o filho a iniquidade do pai? Porque o filho procedeu com retidão e justiça.

E guardou todos os meus estatutos, e os praticou, por isso certamente viverá. A alma que pecar, essa morrerá; o filho não levará a iniquidade do pai, nem o pai levará a iniquidade do filho. A justiça do justo ficará sobre ele e a impiedade do ímpio cairá sobre ele. Mas se o ímpio se converter de todos os pecados que cometeu, e guardar todos os meus estatutos, e proceder com retidão e justiça. Certamente viverá; não morrerá. De todas as transgressões que cometeu não haverá lembrança contra ele.

Pela justiça que praticou viverá. Desejaria eu, de qualquer maneira, a morte do ímpio? Diz o Senhor Deus. Não desejo antes que se converta dos seus caminhos, e viva? Mas, desviando-se o justo da sua justiça, e cometendo a iniquidade, fazendo conforme todas as abominações que faz o ímpio.

Porventura viverá? De todas as justiças que tiver feito não se fará memória; na sua transgressão com que transgrediu, e no seu pecado com que pecou, neles morrerá. Dizeis, porém: O caminho do Senhor não é direito. Ouvi agora, ó casa de Israel: Porventura não é o meu caminho direito? Não são os vossos caminhos tortuosos? Desviando-se o justo da sua justiça, e cometendo iniquidade, morrerá por ela.

Na iniquidade que cometeu morrerá. Mas, convertendo-se o ímpio da impiedade que cometeu, e procedendo com retidão e justiça, conservará este a sua alma em vida. Pois que reconsidera, e se converte de todas as suas transgressões que cometeu; certamente viverá, não morrerá (Ezequiel 18:4-28) Neste texto sagrado, podemos entender o destino dos justos e injustos.

De quem escolhe andar na retidão e o fim de quem decide voltar-se contra Deus. Aprendemos, também, que os filhos do Senhor não devem se exaltar demais posição espiritual que ocupam. Para evitar que essa exaltação os leve a tropeçar e caírem da graça alcançada. Devemos considerar que quem está cima pode descer e aquele que se encontra jogado ao chão tem a possibilidade de subir. Quantas pessoas que antes viviam impiamente, agora são homens e mulheres de bem, e outros que desceram de suas posições iluminadas para habitarem meio as trevas?

Este amor que nos alcançou e mudou nossa maneira de viver. Aind: continua procurando outras almas perdidas, jogadas à beira do caminho, par: sarar suas feridas e devolver-lhes a vida. Esta atitude permanente do Espírit Santo em restaurar o homem que se encontra em completo estado de miséria é muito bem descrita na parábola do bom Samaritano, encontrada no evangelhos: "E, respondendo Jesus, disse: Descia um homem de Jerusalér para Jericó, e caiu nas mãos dos salteadores, os quais o despojaram, espancando-o, se retiraram, deixando-o meio morto.

E, ocasionalmente descia pelo mesmo caminho certo sacerdote; e, vendo-o, passou de largo. E de igual modo também um levita, chegando àquele lugar, e, vendo-o, passou de largo. Mas um samaritano, que ia de viagem Chegou ao pé dele e, vendo-o, moveu-se de íntima compaixão e aproximando-se, atou-lhe as feridas, deitando-lhes azeite e vinho.

E, pondo-o sobre o seu animal, levou-o para uma estalagem, e cuidou dele E, partindo no outro dia, tirou dois dinheiros, e deu-os ao hospedeiro, e disse-lhe: "Cuida dele; e tudo o que de mais gastares eu to pagarei quando voltar. Qual, pois, destes três te parece que foi o próximo daquele que caiu nas mãos dos salteadores? E ele disse: O que usou de misericórdia para com ele. Disse, pois, Jesus:

Vai, e faze da mesma maneira" (Lucas 10:30-37) Não importa quão profundas sejam as feridas ou vermelhas as manchas de nossas iniquidades, o amor de Cristo irá sarar e limpar definitivamente todas estas coisas e nos renovar a cada dia.

Pois esta é a sua eterna vontade e deste objetivo nunca se apartará. Aliás, esta é mais uma das maneiras como costuma amar, com persistência. Ele jamais desiste de cada uma das suas criaturas, é insistente em tentar nos convencer que somente ao seu lado podemos alcançar a verdadeira felicidade. Não apenas momentos felizes, como o mundo nos dá, mas duradouros, permanentes e eternos. Andar com este amor é garantia de contínua paz e alegria. Um gozo sem comparação na alma.

Que vive cansada por causa das constantes lutas espirituais enfrentadas contra os inimigos do bem. E é esta paz que Jesus Cristo veio oferecer a este mundo rebelado e infeliz, cheio de pessoas tristes e enraivecidas, que andam de um lado para o outro, procurando ser felizes da maneira incorreta, nos lugares errados e ao lado de quem sequer sabe sorrir.

Nunca, antes, se viu uma geração tão amarga, de coração ferido e mente vazia. Sem esperanças nem sonhos, porque esqueceram-se do Senhor e ele os entregou nos braços da solidão e com isso colhem a infelicidade. Porém, seu amor pelos que habitam neste mesmo mundo onde ele é esquecido, permanece com a mesma intensidade de antes e seus braços continuam abertos para receber de volta seus filhos pródigos.

E, juntamente suas ovelhas desgarradas, que porventura quiserem retornar do lugar de onde jamais deveriam ter saído. As pessoas confundem o Amor com as suas paixões carnais, com sexo e toda a forma de desejos, poucos são capazes de compreender a profundidade deste sentimento que nada tem a ver com nossas luxúrias, mas é um dom divino e santo.

Amar é se doar ao outro sem limites, assim como Cristo se entregou na cruz por todos nós.

Capítulo 2 - O Amor É Pacífico

Quem possui o verdadeiro amor dentro de si não tem no coração espaços para a raiva, o ódio e a violência, ser pacífico e paciente diante de qualquer situação é uma das principais características do que são capazes de amar. Jesus foi o maior exemplo disso, mesmo diante das afrontas sofridas ele não revidou qualquer reação violenta contra seus opressores.

Mas devolveu-lhes amor e compaixão cada vez que eles o martirizaram, até mesmo na cruz, antes de expirar, pediu ao Pai que lhes desse o perdão por saberem ao certo o que estavam fazendo. Somente pessoas cheias de revolta e rancor podem explodir em iras e comportamentos grotescos.

O amor desperta no ser humano a necessidade de viver em harmonia com as outras pessoas, mesmo diante da pior calamidade ele nos permite estar tranquilos. E confiantes de que, no final, tudo acabará bem. Paulo foi um homem extremamente dedicado a causa do evangelho, e por causa desta dedicação voltada a seu ministério como apóstolo de Cristo sofreu muitas perseguições. Mas, mesmo entre tantas farpas e espinhos, encontrava razões para aconselhar os irmãos na fé, dizendo: (1Tessalonicenses 5:18)

Este deve ser sempre o comportamento daqueles que se dizem cheios de amor de Deus. Andar em paz consigo mesmo e iluminados pela graça divina, contentes o tempo todo por ter a certeza de sua salvação e que seus nomes constam nos céus.

O mundo moderno vive uma força, confundindo amor com paixões e desejos. Porém, há uma enorme diferença entre o puro amor e aquilo que sentimos em nossos momentos de prazer. O slogan da mídia que afirma que o sexo é amor, levou esta geração acreditar que este sentimento tão puro e sagrado pode ser resumido apenas num vago desejo sexual.

O amor é maior poder que podemos trazer dentro de nosso ser, através dele somos infinitamente capazes de realizar as mais imagináveis coisas neste mundo em que temos a honra de existir. Por ele, podemos transformar não somente nossas próprias vidas, mas, também, a de muitas outras pessoas que necessitam de transformações imediatas na sua forma de existência.

O amor nos permite perdoar nossos inimigos, ajudá-los e por eles morarmos para que sejam libertos da amargura de espírito que tanto lhes fazem ser tomados pela vontade constante de nos perseguir e querer nosso mal: "Eu, porém, vos digo:

Amai a vossos inimigos, bendizei os que vos maldizem, fazei bem aos que vos odeiam, e orai pelos que vos maltratam. E vos perseguem, para que sejais filhos do vosso Pai que está nos céus" (Mateus 5:44) O amor nos faz indivíduos mais serenos, confiantes, tranquilos, harmonioso e colaboradores para que haja uma constante paz entre nós.

E os nossos semelhantes. Se hoje o mundo em que vivemos está cada vez mais tomado pela violência e a maldade anda de braços dados com a morte pelas ruas. É porque a maioria das pessoas esquecem de buscar o verdadeiro amor e se contentam com as migalhas que as paixões superficiais lhes concedem. As lentilhas sentimentais com que o ser humano se acostumou a alimentar-se, apenas saciam temporariamente a ausência de felicidade dentro de seus corações. Fazendo com que haja uma constante necessidade de alegria em suas almas, que vivem vazia e sem paz.

O amor real faz com que nosso espírito esteja sempre jubiloso, sentimos em nosso interior a vontade de cantar, gritar bem alto que somos muito felizes, que amamos a todos indiscriminadamente, que não há lugar para a tristeza dentro de nós, porque estamos preenchidos por este sentimento maravilhoso e incomparável.

Quem ama não magoa, não despreza, não quer o mal para seus semelhantes, não se alegra com a morte dos malfeitores, mas interceder a Deus para sejam salvos, não sente prazer no pecado nem nas fantasias deste século. O amor vem de Deus e não do homem, portanto, é espiritual e não carnal, para senti-lo é necessário estar em plena comunhão com o Senhor e não com as coisas mundanas que nos cercam.

Aqueles que só sabem ver a vida através da retina materialista, jamais conseguirão amar de verdade, pois tudo o que buscam é visando conquistas materiais. Os relacionamentos atuais se baseiam em ganância e interesses pessoais, não mais em procurar ser e fazer outro feliz.

Mas ai daqueles que tentam transformar o amor num mero jogo de conquistas pois esta atitude resultará em coleta solidão. Todos quanto já brincaram de amar atualmente se encontram presos na escuridão da tristeza e da rejeição. Se alguém vive a procura de se realizar no amor e ser feliz, deve antes aprender a amar a Deus de todas as suas forças, de todo o seu ser e de todo o entendimento, porque somente assim ele passará a habitar dentro desta pessoa e lhe dará a capacidade de amar a todos.

E a tudo da maneira mais correta e perfeita possível. O amor real, puro, verdadeiro e único vem do Senhor. Não nasce junto com o homem, é algo que vem depois, de fora para dentro, de Deus para casa um dos que o buscam com coração sincero. O que todos nós já trazemos na bagagem, quando nascemos, é a paixão, que se torna incompleta sem o amor por perto.

E, diferente do bem que o amor nos traz, a paixão é como uma grande fogueira, com chamas ardentes que saem consumindo tudo ao redor, ela nada edifica ou constrói, apenas destrói o que, muitas vezes, o amor levou anos ou décadas para construir. Amor e paixão são os dois sentimentos mais sentidos por nós, quem nunca se apaixonou na vida?

Porém, são completamente opostos entre si, porque, enquanto um é eterno e edifica a alma, alimenta de satisfação o espírito humano, a outra, sendo momentânea e passageira, causa dor e decepção por onde quer que passe. Por isso: Viva o amor, alimente-se dele todos os dias que passar pela terra, torne-o sua maior conquista, seu maior tesouro, e ele te fará um homem ou uma mulher imensamente feliz.

Capítulo 3 - O Amor É Eterno

Geralmente temos a convicção de que aquela velha história de "Amor eterno" não passa de um sonho impossível de se realizar, e esta descrença se dá pelo fato de olharmos em volta e percebermos que nada neste mundo é permanente, inclusive os relacionamentos. Porém, se separações conjugais existem e casamentos se desfazem.

Não é uma prova real de que viver um amor para sempre seja algo inalcançável, mesmo em tempos onde as pessoas se tornam cada vez mais insensíveis e materialistas. Neste mundo, muito se fala de amor, paixão e felicidade, mas se vê pouco interesse em levar estes sentimentos à sério, transformaram estes conceitos em alguns instantes de prazer, e pronto, vivem de pura fantasia.

Ainda se vê por ai inúmeros casais aparentemente realizados, com ar de contentamento e esbanjando alegrias, mas em pouco tempo deixam de caminhar juntos e logo são apenas mais um na multidão de "apaixonados" cujo céu repleto de estrelas se desfez a dura realidade se tornou amarga demais para suportar.

Ai, estes alegam que o amor é uma ilusão. Mas na verdade eles é que não foram capazes de cultivar meios de permitir que ele se desenvolvesse ao ponto de existir até o fim de suas vidas. O amor deve ser visto e tratado como uma pequena planta, que precisa ser regada todos os dias, na hora exata, as suas raízes devem ser enxertadas de bons adubos e depois que cresce o jardineiro tem o dever de podar seus galhos para que não cresça do necessário.

Para fora do pomar ou do jardim onde está plantada. Parece com uma linda rosa vermelha e perfumada, que apesar de sua beleza natural possui muitos espinhos e necessita que quem a toque tenha cuidado para não se ferir. A maioria dos corações feridos nos relacionamentos pelos quais passaram, geralmente pertencem a quem não teve a inteligência e o cuidado de conhecer melhor o amor.

Antes de tentar vivê-lo, e se machucaram ao confundi-lo com a paixão, que é maliciosa e causa muitos males a quem dela se aproxima. O amor é positivo, por isso quem ama se verdade nunca age com pessimismo diante das dificuldades; é resistente a qualquer tempestade, e quem o possui dentro de si será sempre um vencedor, jamais baixará a cabeça diante da opressão e do sofrimento.

Terá forças necessárias para seguir em frente e nunca retroceder; o amor é como uma tocha fumegante, labaredas de fogo que aquece o interior de quem tem o mérito de conhecê-lo; é uma luz que brilha intensamente, o poder que transforma, muda qualquer situação, que ilumina as trevas e desfaz a escuridão; o amor é alvo como a neve, puro como um cristal, é santo, infinito...

O amor e a melhor definição de Deus entre os homens. Por esta razão precisamos humildemente dele nos aproximar, para que este dom divino possa nos ser dado, para podermos ser tomados por este poder renovador e por ele ser transformados em seres mais completos, mais dignos, mais felizes. O amor está presente em tudo, em todas as estações: No frio do inverno, no calor do verão, no perfume da primavera.

Nos frutos do outono...Ele está no soprar dos ventos, nos finais de tardes, em todas as manhãs, no pôr e no nascer do sol...Está nos dias e nas noites, no cair das chuvas, no sereno noturno e no orvalho matutino...O amor bate à porta de cada coração apaixonado, passa diariamente diante dos olhos do sonhador...O amor é a vida de tudo que se move, a razão de tudo que se fez ou que ainda se faz.

Sem ele nada poderia existir. De todas as riquezas que devemos incansavelmente buscar, ele é a mais importante e necessária. O mundo seria melhor e haveria mais paz entre as pessoas se entendessem isto. Não haveriam guerras, pelejas, invejas, ciúmes, discórdias nem tantas mortes. Sem o amor nada faz sentido, nada nasce, nada cresce, pois ele é a razão de todas as coisas.

Ele é eterno, não teve princípio nem terá fim, é o Alfa e o Ômega, traz o universo sob seus pés, somos para ele como grãos de areia...O amor pode ser visto como um oleiro, que molda suas obras feitas de barro como achar melhor. Quando nos observa e acha um defeito que não lhe agrada, nos quebra e faz de novo. Somos, para ele, cacos de vasos quebrados e com suas próprias mãos refaz o que se quebrou.

Nos transforma em novas criaturas e nos aceita, outra vez, como filhos amados O amor é o visível e o invisível, um mistério sem explicação, mas que nos faz muito bem, é a esperança que todos nós precisamos.

Capítulo 4 - O Amor Transforma

Nada tem mais poder de causar profundas mudanças em nossas vidas do que o incomparável poder transformador do amor, somente através dele seremos capazes de ter nossas personalidades modificadas e nos tornar pessoas diferentes daquilo que um dia fomos. Quando amamos de verdade, encontramos motivos para desistir de certos costumes.

E hábitos para nos moldarmos a uma nova forma de existência. São em grande número aqueles que testemunham ter sofrido mudanças radicais em suas antigas maneiras de ser, depois que conheceram o amor. Homens e mulheres que admitem ter, no passado, vivido situações terríveis e praticado atos vergonhosos, agora se tornaram pessoas dignas de respeito, devido a transformação moral e espiritual pela qual passaram depois que aprenderam a amar.

O amor tem o poder de fazer do mais vil pecador uma nova criatura, por esta razão Cristo disse que veio para nua dar vida, e vida com abundância. Jesus é Deus, logo, ele e o Pai, assim como seu Espírito Santo, são o verdadeiro amor. Amar como ensinam as Escrituras é amar como Deus ama.

Sem medida e sem limites. Quem impõe condições ou fazem exigência para amar, não ama de verdade. É um fingido e nada sabe sobre este sentimento incomparavelmente perfeito, santo e puro, que nos permite entregar-se ao outro sem pedir nada em troca. Foi isto que o Senhor fez ao descer do céu e se tornar um homem mortal, para na cruz trocar sua vida pela redenção de nossos pecados, sem exigir nada em troca. Sem amor somos como nuvens sem água que são levadas pelo vento em qualquer direção.

Somos uma folha seca que se desprende do galho e fica largada ao chão exposta ao tempo. Nos tornamos insensíveis ao sofrimento alheio, não nos importarmos com o que possa estar conhecendo ao nosso redor, somos egoístas e olhamos apenas para nossas próprias necessidades. Sem amor, nossa visão passa ser vertical, fitamos nossos objetivos lá no alto da pirâmide de desejos.

E esquecemos de nos preocuparmos com o bem-estar dos outros, por considerá-los insignificantes. O amor une as pessoas, faz com que cuidem uma das outras, cria um ambiente fraternal e disso advém a paz. Da ausência dele criam-se as guerras que destroem vidas inocentes, o ódio que dá origem as pelejas entre povos e nações, a corrupção que faz dos nossos governantes.

Pessoas gananciosas e sem o menor respeito pelos direitos sociais. Enquanto com amor construímos tudo coletivamente, sem ele cobrimos apenas o teto de nossas casas, sem levar em conta se o vizinho tem onde recostar a cabeça ou não. Com ele, dividimos o pão com o faminto, estendemos as mãos aos necessitados.

Somos solidários com as necessidades globais e nos esforçamos para contribuir com qualquer projeto de mudança que possa dar fim a fome. A nudez e a escassez de tudo que tem afligido milhares de famílias em todas as partes desse planeta. Somente quem ama consegue olhar em volta de si mesmo e sentir a mesma dor que o mundo sente: A dor da miséria, do pecado no qual ele vive enterrado corpo, alma e espírito; suas angústias e sofrimentos, decepções, frustrações e a falta de esperança que te rosnou uma marca registrada.

Da maioria daqueles que vivem sem Deus. Foi amando-nos de uma forma incomparável que o Pai Eterno decidiu enviar seu Filho, Jesus, para morrer pregado numa cruz para nos tirar da escravidão do pecado e permitir a entrada nas mansões celestiais a todos quanto creiam nele, e dele se aproximem com sincero arrependimento, para lhes dar garantias de vida eterna com Deus

Capítulo 5 - O Amor Perdoa

Perdoar nossos ofensores e interceder por eles diante de Deus, é a maior prova de amor que podemos demonstrar, pois antes de sermos convencidos de nosso estado miserável de pecado em que vivíamos, também possuíamos uma dívida enorme com ele e somente pelo sangue puro e santo de Cristo, derramad

o no Calvário.

Foi possível alcançar o perdão divino de que tanto precisávamos para refazei a antiga comunhão perdida com o Senhor. É uma exigência dele que saibamos perdoar todas as ofensas que vermos a sofrer neste mundo, independente se merecemos ou não. Jesus era justo em todas as áreas da sua vida, nunca pecou nem fez mal algum, todavia foi p tempo todo perseguido.

Caluniado e afrontado por seus adversários, e traído pelos mesmos que muitas vezes estendeu as mãos para curar e libertar. Seu conselho dado para aqueles que como ele sofrem perseguições, foi: "Ouvistes que foi dito: Olho por olho, e dente por dente. Eu, porém, vos digo que não resistais ao mau, mas, se qualquer te bater na face direita, oferece-lhe também a outra e ao que quiser pleitear contigo.

E tirar-te a túnica, larga-lhe também a capa e, se qualquer te obrigar a caminhar uma milha, vai com ele duas. Ouvistes que foi dito: Amarás o teu próximo, e odiarás o teu inimigo. Eu, porém, vos digo: Amai a vossos inimigos, bendizei os que vos maldizem, fazei bem aos que vos odeiam, e orai pelos que vos maltratam e vos perseguem, para que sejais filhos do vosso Pai que está nos céus.

Porque faz que o seu sol se levante sobre maus e bons, e a chuva desça sobre justos e injustos. Pois, se amardes os que vos amam, que galardão tereis? Não fazem os publicanos também o mesmo? E, se saudardes unicamente os vossos irmãos, que fazeis de mais? Não fazem os pecadores também assim? Sede vós pois perfeitos, como é perfeito o vosso Pai que está nos céus. "(Mateus 5:38-48)

Quem guarda rancores por algo que alguém lhe fez de ruim no passado, não pode, de nenhuma maneira, se identificar como um filho de Deus. Mesmo que tenha aceitado a Jesus como salvador de sua alma e faça parte de uma denominação religiosa. Mesmo que pratique a caridade e tenha aparência de alguém que se compadece dos desvalidos...

Nem assim poderá alegar ter qualquer comunhão com o Senhor, pois quem é de Deus sabe suportar as ofensas. E perdoar seus inimigos. Durante seu sermão, no Monte das Oliveiras, Jesus contou a seus ouvintes certa parábola sobre o perdão: "Pedro, aproximando-se dele, disse: Senhor, até quantas vezes pecará meu irmão contra mim, e eu lhe perdoarei? Até sete? Jesus lhe disse: Não te digo que até sete; mas, até setenta vezes sete.

Por isso o reino dos céus pode comparar-se a um certo rei que quis fazer contas com os seus servos e, começando a fazer contas, foi-lhe apresentado um que lhe devia dez mil talentos. E, não tendo ele com que pagar, o seu senhor mandou que ele, e sua mulher e seus filhos fossem vendidos com tudo quanto tinha.

Para que a dívida se lhe pagasse. Então aquele servo, prostrando-se, o reverenciava, dizendo: Senhor, sê generoso para comigo e tudo te pagarei. Então o Senhor daquele servo, movido de íntima compaixão, soltou-o e perdoou-lhe a dívida. Saindo, porém, aquele servo encontrou um dos seus conhecidos que lhe devia cem dinheiros e, lançando mão dele, sufocava-o, dizendo.

Paga-me o que me deves! E seu companheiro, prostrando-se a seus pés rogava-lhe, dizendo: Sê generoso para comigo e tudo te pagarei! Ele, no entanto, não quis acordo, antes foi encerrá-lo na prisão até que pagasse a dívida. Vendo, pois, os demais empregados o que acontecia, contristaram-se muito e foram declarar ao seu senhor tudo o que se passara. Assim, o seu senhor, chamando-o à sua presença, disse-lhe:

Servo malvado, perdoei-te toda aquela dívida porque me suplicaste. Não devias tu igualmente ter compaixão do teu companheiro, como eu também tive misericórdia de ti? E, indignado, o seu senhor o entregou aos atormentadores até que pagasse tudo o que lhe devia. Assim vos fará, também, meu Pai celestial, se do coração não perdoardes cada um a seu irmão, as suas ofensas."(Mateus 18:23-35)

Não existe um limite para perdoarmos alguém, devemos praticar o perdão diariamente, se necessário. Todos os dias cometemos erros e Deus segue perdoando nossas falhas, a esperança de nos fazer ver o quanto estamos sendo injustos com nossos semelhantes. Israel é o povo da promessa feita pelo Senhor a Abraão, por séculos rebelando-se contra as ordenanças divinas.

Que após crucificar o Messias prometido numa cruz, chegando até os dias atuais em completa rejeição ao evangelho da graça, ainda assim são detentores de uma firme garantia de que deles ainda saíra um remanescente para a salvação. Sobre a futura restauração de Israel, Joel profetizou: "O sol e a lua se enegrecerão, e as estrelas retirarão o seu resplendor.

O Senhor bramará de Sião, e de Jerusalém fará ouvir a sua voz; e os céus e a terra tremerão, mas o Senhor será o refúgio do seu povo, e a fortaleza dos filhos de Israel. E vós sabereis que eu sou o Senhor vosso Deus, que habito em Sião, o meu santo monte; e Jerusalém será santa; estranhos não passarão mais por ela. E há de ser que, naquele dia, os montes destilarão mosto, e os outeiros manarão leite.

E todos os rios de Judá estarão cheios de águas; e sairá uma fonte, da casa do Senhor, e regará o vale de Sitim." (Joel 3:15-18)Apesar de várias gerações rebeladas, se negarem a fé diversas vezes e ainda crucificarem o Filho Unigênito de Deus num madeiro, ele ainda lhes perdoa e faz promessas de prosperidade espiritual no futuro. Isaías profetizou tamanha misericórdia do Senhor para com seu povo: "Por amor de Sião não me calarei, e por amor de Jerusalém não me aquietarei, até que saia a sua justiça como um resplendor.

E a sua salvação como uma tocha acesa. E os gentios verão a tua justiça, e todos os reis a tua glória e chamar-te-ão por um nome novo, que a boca do Senhor designará. E serás uma coroa de glória na mão do Senhor, e um diadema real na mão do teu Deus.

Nunca mais te chamarão: desamparada, nem a tua terra se denominará jamais assolada, mas chamar-te-ão: O meu prazer está nela, e à tua terra: A casada, porque o Senhor se agrada de ti, e a tua terra se casará: Porque, como o jovem se casa com a virgem, assim teus filhos se casarão contigo; e como o noivo se alegra da noiva, assim se alegrará de ti o teu Deus. Ó Jerusalém, sobre os teus muros pus guardas, que todo o dia e toda a noite jamais se calarão.

Ó vós, os que fazeis lembrar ao Senhor, não haja descanso em vós, nem deis a ele descanso, até que confirme, e até que ponha a Jerusalém por louvor na terra. Jurou o Senhor pela sua mão direita, e pelo braço da sua força: Nunca mais darei o teu trigo por comida aos teus inimigos, nem os estrangeiros beberão o teu mosto, em que trabalhaste. Mas os que o ajuntarem o comerão, e louvarão ao Senhor.

E os que o colherem beberão nos átrios do meu santuário. Passai, passai pelas portas; preparai o caminho ao povo; aplanai, aplanai a estrada, limpai-a das pedras; arvorai a bandeira aos povos. Eis que o Senhor fez ouvir até às extremidades da terra: Dizei à filha de Sião: Eis que vem a tua salvação; eis que com ele vem o seu galardão, e a sua obra diante dele. E chamar-lhes-ão: Povo santo, remidos do Senhor; e tu serás chamada: Procurada, a cidade não desamparada."(Isaias 62:1-12) De maneira semelhante ele espera que nós, a noiva de Cristo, saibamos ser complacentes com as falhas se nossos irmãos e estejamos sempre dispostos a perdoá-los.

Lembrando-nos de quanto ele foi misericordioso conosco, quando vivíamos soterrados pela lama do pecado e destituídos do direito de habitarmos com ele na sua glória. Devemos provar ao nosso próximo o amor que temos por ele perdoando suas ofensas. E lhe permitindo redimir-se de sua ignorância ensinando-o a amar, como Deus nos amou primeiro.

Capítulo 6 - O Amor É Uma Semente

Na semelhança de uma semente que plantamos e, após algum tempo, transforma-se numa árvore que cresce e põe muitos frutos, assim mesmo podemos comparar o amor. Ele, sendo o maior e mais poderoso sentimento existente na vida humana, é semeado no coração daqueles que se preparam para recebê-lo e produz.

Quando bem regado, inúmeros frutos de felicidades. Porém, devemos entender que nem todos estão preparados para recebê-lo em suas vidas, somente aqueles que passam o arado da humilhação, da santidade e da fé, estarão prontos para, nesta boa terra que possuem, receber esta semente plantada por Deus. Jesus Cristo nos deixou, em seu evangelho, muitos ensinamentos importantes.

Para a compreensão se diversos conceitos, a maioria como parábolas, que eram na verdade pequenas histórias que serviam como um meio mais fácil para a compreensão de seus ouvintes daquilo que ele queria lhes explicar.

Certa ocasião, querendo fazê-los entender a grandeza do amor de Deus por todos nós ao ponto de enviá-lo para que, pelo seu sacrifício no calvário Pudéssemos ser libertos da escravidão do pecado, ele citou a seguinte história a multidão que o ouvia: "Tendo Jesus saído de casa, naquele dia, estava assentado junto ao mar e ajuntou-se muita gente ao pé dele, de sorte que, entrando num barco, assentou-se e toda a multidão estava em pé na praia. E falou-lhe de muitas coisas por parábolas, dizendo: Eis que o semeador saiu a semear.

E, quando semeava, uma parte da semente caiu ao pé do caminho, e vieram as aves, e comeram-na. E outra parte caiu em pedregais, onde não havia terra bastante, e logo nasceu, porque não tinha terra funda, mas, vindo o sol, queimou-se, e secou-se, porque não tinha raiz. Outra caiu entre espinhos, e os espinhos cresceram e sufocaram-na. E outra caiu em boa terra, e deu fruto: um a cem, outro a sessenta e outro a trinta. Quem tem ouvidos para ouvir, ouça.

E, acercando-se dele os discípulos, disseram-lhe: Por que lhes falas por parábolas? Ele, respondendo, disse-lhes: Porque a vós é dado conhecer os mistérios do reino dos céus, mas a eles não lhes é dado. Porque àquele que tem, se dará, e terá em abundância, mas àquele que não tem, até aquilo que tem lhe será tirado. Por isso lhes falo por parábolas; porque eles, vendo, não veem e, ouvindo. Não ouvem nem compreendem. E neles se cumpre a profecia de Isaías, que diz: Ouvindo, ouvireis, mas não compreendereis, e, vendo, vereis, mas não percebereis. Porque o coração deste povo está endurecido, e ouviram de mau grado com seus ouvidos, e fecharam seus olhos.

Para que não vejam com os olhos. E ouçam com os ouvidos, e compreendam com o coração, e se convertam, e eu os cure. Mas, bem-aventurados os vossos olhos, porque veem, e os vossos ouvidos, porque ouvem. Porque em verdade vos digo que muitos profetas e justos desejaram ver o que vós vedes, e não o viram; e ouvir o

Que vós ouvis, e não o ouviram. Escutai vós, pois, a parábola do semeador. Ouvindo alguém a palavra do reino, e não a entendendo, vem o maligno, e arrebata o que foi semeado no seu coração; este é o que foi semeado ao pé do caminho. O que foi semeado em p é o que ouve a palavra, e logo a recebe com alegria. Mas não tem raiz em si mesmo, antes é de pouca duração; e, chegada à angústia e a perseguição, por causa da palavra, logo se ofende. E o que foi semeado entre espinhos é o que ouve a palavra, mas os cuidados deste mundo, e a sedução das riquezas sufocam a palavra, e fica infrutífera.

Mas, o que foi semeado em boa terra é o que ouve e compreende a palavra e dá fruto, e um produz cem, outro sessenta. E outro trinta". Como uma boa semente, o amor ao ser plantado numa boa terra produzirá frutos de justiça, levando quem dele possuir a uma vida digna e feliz. Infelizmente, são poucos os que estão com seus corações semelhantes a uma terra pronta para ser cultivada.

Então vem o pecado disfarçado de modernidade e contamina o solo onde deveria germinar o que foi plantado. O maior sonho de Deus, se é que podemos pensar assim, é que cada indivíduo em particular se esforce para aprender a amar cada vez mais seu semelhante. Contribuindo para que o mal deixe gradativamente de existir e o bem, como uma intensa luz, possa iluminar as densas trevas morais em que este mundo encontra -se submerso.

Ele deu o exemplo inicial, quando trocou a vida se seu Filho pela restauração da comunhão que havíamos perdido. Sua atitude feita como a maior e mais completa prova de amor, é o ponto inicial para que todos nós, seus filhos e criaturas, possamos imitá-lo e semearmos este nobre sentimento em nossos corações, assim como naqueles que nos cercam.

Capítulo 7 – Por Amor

Muitas são as definições feitas pela mente humana a respeito do amor, porém, nenhuma sequer aproxima-se da largura, altura ou profundidade do que realmente ele representa para todos nós, devido a incomparável importância de seu poder transformador. Ele é a fonte de paz e felicidade que tanto procuramos encontrar. Somente encontrando este sentimento em sua real totalidade poderemos nos sentirmos completos e realizados.

O amor se faz presente em tudo; a natureza que nos cerca, no ar que respiramos, no sol que nos aquece, na chuva que molha a terra. Por amor: Jesus foi tentado no deserto por quarenta dias e quarenta noites, em jejum e oração, para que na forma humana que ocupou não caísse em tentação, pois está escrito que como homem em tudo foi tentado:

"Porque não temos um sumo sacerdote que não possa compadecer-se das nossas fraquezas; porém, um que, como nós, em tudo foi tentado. **Mas sem pecado.**" (Hebreus 4:15) Por amor: Ensinou seus ouvintes a perdoar as ofensas sofridas por seus oponentes, a amar seus inimigos.

Nunca revidar uma afronta, fazer o bem a quem lhes fizesse mal, para assim serem semelhantes ao Pai Celeste: "Ouvistes que foi dito: Amarás o teu próximo, e odiarás o teu inimigo. Eu, porém, vos digo: "Amai a vossos inimigos, bendizei os que vos maldizem fazei bem aos que vos odeiam, e orai pelos que vos maltratam e vos perseguem; para que sejais filhos do vosso Pai que está nos céus; porque faz que o seu sol se levante sobre maus e bons, e a chuva desça sobre justos e injustos. Pois, se amardes os que vos amam que galardão tereis? Não fazem os publicanos também o mesmo? E, se saudardes unicamente os vossos irmãos, que fazeis de mais?

Não fazem os publicanos também assim? Sede vós pois perfeitos, como é perfeito o vosso Pai que está nos céus" (Mateus 5:43-48) Ensinou que pela fé tudo é possível, que por ela os montes serão removidos de nossas vidas, milagres acontecerão, seremos curados e libertos: "Senhor, tem misericórdia de meu filho, que é lunático e sofre muito, pois muitas vezes cai no fogo, e muitas vezes na água.

E trouxe-o aos teus discípulos e não puderam curá-lo. E Jesus, respondendo, disse: Ó geração incrédula e perversa! Até quando estarei eu convosco, e até quando vos sofrerei? Trazei-o aqui. E, repreendeu Jesus o demônio, que saiu dele, e desde aquela hora o menino sarou. Então os discípulos, aproximando-se de Jesus em particular, disseram: Por que não pudemos nós expulsá-lo? E Jesus lhes disse:

Por causa de vossa incredulidade, porque em verdade vos digo que, se tiverdes fé como um grão de mostarda, direis a este monte: Passa daqui para acolá, e há de passar; e nada vos será impossível" (Mateus 17:15-20)

Por amor: Mostrou aos seus ouvintes o poder que tem a oração e a necessidade de persistir com nossas petições: "E contou-lhes também uma parábola sobre o dever de orar sempre. E nunca desfalecer, dizendo: "Havia numa cidade um certo juiz, que nem a Deus temia, nem respeitava o homem. Havia também, naquela mesma cidade, uma certa viúva, que ia ter com ele, dizendo: Faze-me justiça contra o meu adversário. E por algum tempo não quis atendê-la; mas depois disse consigo:

Ainda que não temo a Deus, nem respeito os homens. Todavia, como esta viúva me molesta, hei de fazer-lhe justiça, para que enfim não volte, e me importune muito. E disse o Senhor: Ouvi o que diz o injusto juiz. E Deus não fará justiça aos seus escolhidos, que clamam a ele de dia e de noite, ainda que tardio para com eles? Digo-vos que depressa lhes fará justiça.

Quando, porém, vier o Filho do homem, porventura achará fé na terra? (Lucas 18:1-8) Por amor: estendeu as mãos para curar, libertar quem estava possuído por demônios, sarar doenças incuráveis. Deu visão ao cego, fez paralíticos andarem, ressuscitou pessoas dentre os mortos, ordenou que cessassem as tempestades, o vento obedeceu a sua voz, multiplicou pães e peixes, transformou água em vinho:

"E, ao terceiro dia, fizeram-se umas bodas em Caná da Galiléia; e estava ali a mãe de Jesus. E foi também convidado Jesus e os seus discípulos para as bodas. E, faltando vinho, a mãe de Jesus lhe disse: Não têm vinho. Disse-lhe Jesus: Mulher, que tenho eu contigo? Ainda não é chegada a minha hora. Sua mãe disse aos serventes:

Fazei tudo quanto ele vos disser. E estavam ali postas seis talhas de pedra para as purificações dos judeus, e em cada uma cabiam dois ou três almudes. Disse-lhes Jesus: Enchei de água essas talhas. E encheram-nas até em cima. E disse-lhes: Tirai agora, e levai ao mestre-sala. E levaram. E, logo que o mestre-sala provou a água feita vinho (não sabendo de onde viera, se bem que o sabiam os serventes que tinham tirado a água)

Chamou o mestre-sala ao esposo, e disse-lhe: Todo o homem põe primeiro o vinho bom e, quando já têm bebido bem, então o inferior; mas tu guardaste até agora o bom vinho" (João 2:1-10) Por amor: O Salvador, que deixou espontaneamente seu reino de glória para vir a este mundo resgatar o homem das garras do pecado, somente fez o bem a quem não merecia.

E foi desprezado pela maioria que sequer entendiam sua missão de nos salvar: "Porque foi subindo como renovo perante ele, e como raiz de uma terra seca; não tinha beleza nem formosura e, olhando nós para ele, não havia boa aparência nele, para que o desejássemos. Era desprezado, e o mais rejeitado entre os homens, homem de dores, e experimentado nos trabalhos.

E, como um de quem os homens escondiam o rosto, era desprezado, não fizemos dele caso algum. Verdadeiramente ele tomou sobre si as nossas enfermidades, e as nossas dores levou sobre si; e nós o reputávamos por aflito, ferido de Deus, e oprimido. Mas ele foi ferido por causa das nossas transgressões, e moído por causa das nossas iniquidades. O castigo que nos traz a paz estava sobre ele, e pelas suas pisaduras fomos sarados. Todos nós andávamos desgarrados como ovelhas.

Cada um se desviava pelo seu caminho; mas o Senhor fez cair sobre ele a iniquidade de nós todos. Ele foi oprimido e afligido, mas não abriu a sua boca; como um cordeiro foi levado ao matadouro, e como a ovelha muda perante os seus tosquiadores, assim ele não abriu a sua boca.

Da opressão e do juízo foi tirado; e quem contará o tempo da sua vida? Porquanto foi cortado da terra dos viventes; pela transgressão do meu povo ele foi atingido. E puseram a sua sepultura com os ímpios, e com o rico na sua morte. Ainda que nunca cometeu injustiça, nem houve engano na sua boca. Todavia, ao Senhor agradou moê-lo, fazendo-o enfermar; quando a sua alma se puser por expiação do pecado, verá a sua posteridade.

Prolongará os seus dias; e o bom prazer do Senhor prosperará na sua mão" (Isaías 53:1-10) Por amor: Foi perseguido e injuriado, mas nunca se viu sair de sua boca qualquer murmuração. Foi traído por aquele que tinha como amigo. Mas no final soube dar seu perdão e não levou em conta a fraqueza que o levou a negar seu nome: "E, vendo a Pedro, que se estava aquentando, olhou para ele, e disse:

Tu também estavas com Jesus, o Nazareno. Mas ele negou-o, dizendo: Não o conheço, nem sei o que dizes. E saiu fora ao alpendre, e o galo cantou. E a criada, vendo-o outra vez, começou a dizer aos que ali estavam: Este é um dos tais. Mas ele o negou outra vez. E pouco depois os que ali estavam disseram outra vez a Pedro: Verdadeiramente tu és um deles, porque és também galileu.

E tua fala é semelhante. E ele começou a praguejar, e a jurar: Não conheço esse homem de quem falais. E o galo cantou segunda vez. E Pedro lembrou-se da palavra que Jesus lhe tinha dito: Antes que o galo cante duas vezes, três vezes me negarás. E, retirando-se dali, chorou"(Marcos 14:67-72) Por amor. Trouxe Lázaro da morte: "Tiraram, pois, a pedra de onde o defunto jazia. E Jesus, levantando os olhos para cima, disse:

Pai, graças te dou, por me haveres ouvido. Eu bem sei que sempre me ouves, mas eu disse isto por causa da multidão que está em redor, para que creiam que tu me enviaste. E, tendo dito isto, clamou com grande voz: Lázaro, sai para fora. E o defunto saiu, tendo as mãos e os pés ligados com faixas, e o seu rosto envolto em um lenço. Disse-lhes Jesus:

Desligai-o, e deixai-o ir. Muitos, pois, dentre os judeus que tinham vindo a Maria, e que tinham visto o que Jesus fizera, creram nele."(João 11:41-45) Deu do seu Espírito aos doze apóstolos e os enviou a ensinar as Boas Novas do Reino, e eles puderam realizar grandes feitos em seu nome: "Jesus enviou estes doze, e lhes ordenou, dizendo:

Não ireis pelo caminho dos gentios, nem entrareis em cidade de samaritanos; Mas ide antes às ovelhas perdidas da casa de Israel. E, indo, pregai, dizendo: É chegado o reino dos céus. Curai os enfermos, limpai os leprosos, ressuscitai os mortos, expulsai os demônios; de graça recebestes, de graça daí. Não possuais ouro, nem prata, nem cobre, em vossos cintos, nem alforges para o caminho, nem duas túnicas, nem alparcas, nem bordões.

Porque digno é o operário do seu alimento. E, em qualquer cidade ou aldeia em que entrardes, procurai saber quem nela seja digno, e hospedai-vos aí, até que vos retireis. E, quando entrardes nalguma casa, saudai-a; E, se a casa for digna, desça sobre ela a vossa paz. Mas, se não for digna, torne para vós a vossa paz. E, se ninguém vos receber, nem escutar as vossas palavras.

Saindo daquela casa ou cidade, sacudi o pó dos vossos pés. Em verdade vos digo que, no dia do juízo, haverá menos rigor para o país de Sodoma e Gomorra do que para aquela cidade. Eis que vos envio como ovelhas ao meio de lobos; portanto, sede prudentes como as serpentes e inofensivos como as pombas. Acautelai-vos, porém, dos homens; porque eles vos entregarão aos sinédrios, e vos açoitarão nas suas sinagogas.

E sereis até conduzidos à presença dos governadores. E dos reis, por causa de mim, para lhes servir de testemunho a eles, e aos gentios. Mas, quando vos entregarem, não vos dê cuidado como, ou o que haveis de falar. Porque naquela mesma hora vos será ministrado o que haveis de dizer.

Porque não sois vós quem falará, mas o Espírito de vosso Pai é que fala em vós" (Mateus 10:5-20) Por amor. Atendeu o pedido da mulher cananéia e repreendeu o espírito imundo que atormentava sua filha, mesmo não sendo ela judia e nem possuindo o direito as bênçãos que por herança só pertenciam a Israel: "E, levantando-se dali, foi para os termos de Tiro e de Sidom. E, entrando numa casa, não queria que alguém o soubesse, mas não pôde esconder-se, porque uma mulher, cuja filha tinha um espírito imundo, ouvindo falar dele, foi e lançou-se aos seus pés.

E esta mulher era grega, siro-fenícia de nação, e rogava-lhe que expulsasse de sua filha o demônio. Mas Jesus disse-lhe: Deixa primeiro saciar os filhos, porque não convém tomar o pão dos filhos e lançá-lo aos cachorrinhos.

Ela, porém, respondeu, e lhe disse: Sim, Senhor, mas também os cachorrinhos comem debaixo da mesa as migalhas dos filhos. Então ele disse-lhe: Por essa palavra, vai, o demônio já saiu de tua filha. E, indo ela para sua casa, achou a filha deitada sobre a cama e o demônio já tinha saído" (Marcos 7:24-30) Estancou a hemorragia que a pobre mulher carregava em seu corpo a tantos anos, sem achar cura:

"E uma mulher, que tinha um fluxo de sangue, havia doze anos. E gastara com os médicos todos os seus haveres, e por nenhum pudera ser curada. Chegando por detrás dele, tocou na orla do seu vestido, e logo estancou o fluxo do seu sangue E disse Jesus: Quem é que me tocou? E, negando todos, disse Pedro e os que estavam com ele: Mestre, a multidão te aperta e te oprime, e dizes:

Quem é que me tocou? E disse Jesus: Alguém me tocou, porque bem conheci que de mim saiu virtude. Então, vendo a mulher que não podia ocultar-se, aproximou-se tremendo e, prostrando-se ante ele, declarou-lhe diante de todo o povo a causa por que lhe havia tocado, e como logo sarara. E ele lhe disse: Tem bom ânimo filha, a tua fé te salvou; vai em paz (Lucas 8:43-48) Por amor: Curou o paralítico que a quarenta anos vivia a espera de quem se comparecesse. E o lançasse no tanque de Betesda, quando o anjo agitava as águas, mas ninguém nunca o ajudou. Naquele dia teve o privilégio de ser curado pelo próprio Deus em pessoa:

"Ora, em Jerusalém há, próximo à porta das ovelhas, um tanque, chamado em hebreu Betesda, o qual tem cinco alpendres. Nestes jazia grande multidão de enfermos, cegos, mancos e ressicados, esperando o movimento da água. Porquanto um anjo descia em certo tempo ao tanque. E agitava a água; e o primeiro que ali descia, depois do movimento da água, sarava de qualquer enfermidade que tivesse. E estava ali um homem que, havia trinta e oito anos, se achava enfermo. E Jesus, vendo este deitado, e sabendo que estava neste estado havia muito tempo, disse-lhe: Queres ficar são?

O enfermo respondeu-lhe: Senhor, não tenho homem algum que, quando a água é agitada, me ponha no tanque; mas, enquanto eu vou, desce outro antes de mim. Jesus disse-lhe: Levanta-te, toma o teu leito, e anda"(João 5:2-8) Por amor: Foi até Jericó e ali encontrou Bartimeu, que havia ficado cego e sonhava um dia poder voltar a ver, vivia pedindo esmolas na entrada dos muros da cidade.

E logo que percebeu o alvoroço da multidão que passava e ao saber que se tratava de um profeta que realizava muitos milagres começou a gritar bem alto. O que fez com que decidisse atender seu clamor e conceder-lhe a restauração de sua visão: "E depois, foram para Jericó. E, saindo ele de Jericó com seus discípulos e uma grande multidão, Bartimeu, o cego, filho de Timeu, estava assentado junto do caminho, mendigando.

E, ouvindo que era Jesus de Nazaré, começou a clamar, e a dizer: Jesus, filho de Davi, tem misericórdia de mim. E muitos o repreendiam, para que se calasse; mas ele clamava cada vez mais: Filho de Davi, tem misericórdia de mim! E Jesus, parando, disse que o chamassem.

E chamaram o cego, dizendo-lhe: Tem bom ânimo; levanta-te, que ele te chama. E ele, lançando de si a sua capa, levantou-se, e foi ter com Jesus. E Jesus, falando, disse-lhe: Que queres que te faça? E o cego lhe disse: Mestre, que eu tenha vista. E Jesus lhe disse: Vai, a tua fé te salvou. E logo viu, e seguiu a Jesus pelo caminho"(Marcos 10:46-52) Por amor: Perdoou os pecados da mulher adúltera. Quando foi pega em ato de adultério e todos os seus acusadores já estavam prestes a apedrejá-la: "E os escribas e fariseus trouxeram-lhe uma mulher apanhada em adultério.

E, pondo-a no meio, disseram-lhe: Mestre, esta mulher foi apanhada, no próprio ato, adulterando. E na lei nos mandou Moisés que as tais sejam apedrejadas. Tu, pois, que dizes? Isto diziam eles, tentando-o, para que tivessem de que o acusar. Mas Jesus, inclinando-se, escrevia com o dedo na terra. E, como insistissem, perguntando-lhe, se endireitou, e disse-lhes: Aquele que de entre vós está sem pecado seja o primeiro que atire pedra contra ela.

E, tornando a inclinar-se, escrevia na terra. Quando ouviram isto, redarguidos da consciência, saíram um a um, a começar pelos mais velhos até aos últimos; ficou só Jesus e a mulher que estava no meio.

E, endireitando-se Jesus, e não vendo ninguém mais do que a mulher, disse: Mulher, onde estão aqueles teus acusadores? Ninguém te condenou? E ela disse: Ninguém, Senhor. E disse-lhe Jesus: Nem eu também te condeno; vai-te, e não peques mais"(João 8:3-11) Por amor: Concedeu perdão dos pecados de Madalena, quando entrou na casa do fariseu Simão e, caindo aos seus pés, chorou arrependida, lavando-os com suas lágrimas e os enxugando com seus cabelos:

"E rogou-lhe um dos fariseus que comesse com ele; e, entrando em casa do fariseu, assentou-se à mesa. E eis que uma mulher da cidade, uma pecadora, sabendo que ele estava à mesa em casa do fariseu, levou um vaso de alabastro com unguento; E, estando por detrás, aos seus pés, chorando, começou a regar-lhe os pés com lágrimas, e enxugava-os com os cabelos da sua cabeça; e beijava-lhe os pés, e ungia-os com o unguento. Quando isto viu o fariseu que o tinha convidado, falava consigo, dizendo:

Se este fora profeta, bem saberia quem e qual é a mulher que lhe tocou, pois é uma pecadora. E respondendo, Jesus disse-lhe: Simão, uma coisa tenho a dizer-te. E ele disse: Dize-a, Mestre. Um certo credor tinha dois devedores: um devia-lhe quinhentos dinheiros, e outro cinquenta. E, não tendo eles com que pagar, perdoou-lhes ambos. Dize, pois, qual deles o amará mais? E Simão, respondendo, disse: Tenho para mim que é aquele a quem mais perdoou. E ele lhe disse: Julgaste bem.

E, voltando-se para a mulher, disse a Simão: Vês tu esta mulher? Entrei em tua casa, e não me destes água para os pés; mas esta regou-me os pés com lágrimas, e os enxugou com os cabelos de sua cabeça. Não me deste ósculo, mas essa, desde que entrou, não tem cessado de me beijar os pés. Não me ungiste a cabeça com óleo, mas esta ungiu-me os pés com unguento.

Por isso te digo que os seus muitos pecados lhe são perdoados, porque muito amou; mas aquele a quem pouco é perdoado pouco ama. E disse-lhe a ela: Os teus pecados te são perdoados.

E os que estavam à mesa começaram a dizer entre si: Quem é este, que ate perdoa pecados? E disse à mulher: A tua fé te salvou; vai-te em paz" (Lucas 7:36 50) Por amor: Ressuscitou a filha de Jairo, diante dos olhares dos incrédulos mostrando que ele, sendo Deus, tinha poder sobre a vida e a morte:

"Estava ele ainda falando, chegou um dos do príncipe da sinagoga, dizendo: A tua filha já está morta, não incomodes o Mestre. Jesus, porém, ouvindo-o respondeu-lhe: Não temas, crê somente, e será salva. E, entrando em casa, a ninguém deixou entrar, senão a Pedro, e a Tiago. E a João, e ao pai e a mãe da menina. E todos choravam, e a pranteavam; e ele disse: Não choreis, não está morta, mas dorme. E riam-se dele, sabendo que estava morta. Mas ele, pondo-os todos fora, e pegando-lhe na mão, clamou, dizendo: Levanta-te, menina. E o seu espírito voltou, e ela logo se levantou.

E Jesus mandou que lhe dessem de comer. Seus pais ficaram maravilhados e ele lhes mandou que a ninguém dissessem o que havia sucedido (Lucas 8:49-56) Por amor: Durante a tempestade que ameaçava naufragar o barco com seus discípulos. Caminhou sobre as águas e ordenou que os ventos se acalmassem, fazendo bonança, e fazendo-os ver quão grande era o seu poder: "E aconteceu que, num daqueles dias, entrou num barco com seus discípulos, e disse-lhes:

Passemos para o outro lado do lago e partiram. E, navegando eles, adormeceu. Sobreveio uma tempestade de vento no lago, e enchiam-se de água, estando em perigo. E, chegando-se a ele, o despertaram, dizendo: Mestre, Mestre, perecemos. E ele, levantando-se, repreendeu o vento e a fúria da água; e cessaram, e fez-se bonança. E disse-lhes:

Onde está a vossa fé? E eles, temendo, maravilharam-se, dizendo uns aos outros: Quem é este, que até aos ventos e à água manda, e lhe obedecem? (Lucas 8:22-25) Por amor: Avisou que seria traído e que o traidor era um dos doze que andava ao seu lado, referindo-se a Judas Iscariotes, que o vendeu a seus inimigos por algumas moedas de pratas: "Então Judas, o que o traíra, vendo que fora condenado, trouxe, arrependido, as trinta moedas de prata aos príncipes dos sacerdotes e aos anciãos, Dizendo:

Pequei, traindo o sangue inocente. Eles, porém, disseram: Que nos importa? Isso é contigo. E ele, atirando para o templo as moedas de prata, retirou-se. E foi-se enforcar. E os príncipes dos sacerdotes, tomando as moedas de prata, disseram: Não é lícito colocá-las no cofre das ofertas, porque são preço de sangue. E, tendo deliberado em conselho, compraram com elas o campo de um oleiro, para sepultura dos estrangeiros.

Por isso foi chamado aquele campo, até ao dia de hoje, Campo de Sangue. (Mateus 27:3-8) Por amor: Não se intimidou diante de seus inimigos, quando estes o prenderam no Monte das Oliveiras. Nem deu importância a Pilatos, quando estava sendo acusado pelo mesmo povo a quem havia abençoado tantas vezes, tampouco quis receber dele qualquer favo

Por amor: Não se acovardou diante da cruz e nela foi pregado com um criminoso qualquer. Cumprindo cabalmente a missão que lhe havia sido confiada pelo Pai, que era a de salvar todos nós. Por amor: Após ressuscitar dentre os mortos no terceiro dia, apareceu para as mulheres primeiro, depois aos apóstolos.

E com eles esteve por vários dias; perdoou a fraqueza de Pedro ao lhe negar e fugir dos judeus no dia da sua morte no madeiro. E deu a ele a missão de apascentar a sua igreja: "E no primeiro dia da semana, Maria Madalena foi ao sepulcro de madrugada, sendo ainda escuro, e viu a pedra tirada do sepulcro Correu, pois, e foi a Simão Pedro, e ao outro discípulo, a quem Jesus amava, e disse-lhes: Levaram o Senhor do sepulcro, e não sabemos onde o puseram. Então Pedro saiu com o outro discípulo, e foram ao sepulcro.

E os dois corriam juntos, mas o outro discípulo correu mais apressadamente do que Pedro, e chegou primeiro ao sepulcro. E, abaixando-se, viu no chão os lençóis; todavia não entrou. Chegou, pois, Simão Pedro, que o seguia, e entrou no sepulcro, e viu no chão os lençóis.

E que o lenço, que tinha estado sobre a sua cabeça, não estava com os lençóis, mas enrolado num lugar à parte. Então entrou também o outro discípulo, que chegara primeiro ao sepulcro, e viu, e creu. Porque ainda não sabiam a Escritura, que era necessário que ressuscitasse dentre os mortos.

Tornaram, pois, os discípulos para casa. E Maria estava chorando fora, junto ao sepulcro. Estando ela, pois, chorando, abaixou-se para o sepulcro. E viu dois anjos vestidos de branco, assentados onde jazera o corpo de Jesus, um à cabeceira e outro aos pés. E disseram-lhe eles: Mulher, por que choras .Ela lhes disse: Porque levaram o meu Senhor, e não sei onde o puseram. E, tendo dito isto, voltou-se para trás, e viu Jesus em pé, mas não sabia que era Jesus. Disse-lhe Jesus: Mulher, por que choras? Quem buscas?

Ela, cuidando que era o hortelão, disse-lhe: Senhor, se tu o levaste, dize-me onde o puseste, e eu o levarei. Disse-lhe Jesus: Maria! Ela, voltando-se, disse-lhe: Raboni, que quer dizer: Mestre. Disse-lhe Jesus: Não me detenhas, porque ainda não subi para meu Pai, mas vai para meus irmãos, e dize-lhes que eu subo para meu Pai e vosso Pai, meu Deus e vosso Deus. Maria Madalena foi e anunciou aos discípulos que vira o Senhor, e que ele lhe dissera isto.

Chegada, pois, a tarde daquele dia, o primeiro da semana, e cerradas as portas onde os discípulos, com medo dos judeus, se tinham ajuntado, chegou Jesus, e pôs-se no meio, e disse-lhes: Paz seja convosco. E, dizendo isto, mostrou-lhes as suas mãos e o lado. De sorte que os discípulos se alegraram, vendo o Senhor. Disse-lhes, pois, Jesus outra vez:

Paz seja convosco; assim como o Pai me enviou, também eu vos envio a vós. E, havendo dito isto, assoprou sobre eles e disse-lhes: Recebei o Espírito Santo. Aqueles a quem perdoardes os pecados lhes são perdoados; e àqueles a quem os retiverdes lhes são retidos.

Ora, Tomé, um dos doze, chamado Dídimo, não estava com eles quando veio Jesus. Disseram-lhe, pois, os outros discípulos: Vimos o Senhor. Mas ele disse-lhes: Se eu não vir o sinal dos cravos em suas mãos, e não puser o meu dedo no lugar dos cravos, e não puser a minha mão no seu lado, de maneira nenhuma o crerei. E oito dias depois estavam outra vez os seus discípulos dentro, e com eles Tomé. Chegou Jesus, estando as portas fechadas, e apresentou-se no meio, e disse: Paz seja convosco.

Depois disse a Tomé: Põe aqui o teu dedo, e vê as minhas mãos; e chega a tua mão. E põe-na no meu lado; e não sejas incrédulo, mas crente. E Tomé respondeu e disse-lhe: Senhor meu, e Deus meu. Disse-lhe Jesus: Porque me viste, Tomé creste; bem-aventurados os que não viram e creram. Jesus, pois, operou também em presença de seus discípulos muitos outros sinais, que não estão escritos neste livro.

Estes, porém, foram escritos para que creiais que Jesus é o Cristo, o Filho de Deus, e para que, crendo, tenhais vida em seu nome (João 20:1-31 "Depois disto manifestou-se Jesus outra vez aos discípulos junto do mar de Tiberíades; e manifestou-se assim: Estavam juntos Simão Pedro, e Tomé, chamado Dídimo, e Natanael, que era de Caná da Galiléia, os filhos de Zebedeu, e outros dois dos seus discípulos. Disse-lhes Simão Pedro:

Vou pescar. Dizem-lhe eles: Também nós vamos contigo. Foram, e subiram logo para o barco, e naquela noite nada apanharam. E, sendo já manhã, Jesus se apresentou na praia, mas os discípulos não conheceram que era Jesus. Disse-lhes, pois, Jesus: Filhos, tendes alguma coisa de comer? Responderam-lhe: Não. E ele lhes disse: Lançai a rede para o lado direito do barco, e achareis.

Lançaram-na, pois, e já não a podiam tirar, pela multidão dos peixes. Então aquele discípulo, a quem Jesus amava, disse a Pedro: É o Senhor. E, quando Simão Pedro ouviu que era o Senhor, cingiu-se com a túnica (porque estava nu) e lançou-se ao mar. E os outros discípulos foram com o barco (porque não estavam distantes da terra senão quase duzentos côvados).

Levando a rede cheia de pLogo que desceram para terra, viram ali brasas, e um peixe posto em cima, e pão. Disse-lhes Jesus: Trazei dos peixes que agora apanhastes. Simão Pedro subiu e puxou a rede para terra. Cheia de cento cinquenta e três grandes peixes e, sendo tantos, não se rompeu a rede. Disse-lhes Jesus: Vinde, comei. E nenhum dos discípulos ousava perguntar-lhe

Quem és tu? Sabendo que era o Senhor. Chegou, pois, Jesus, e tomou o pão, e deu-lhes e, semelhantemente o peixe. E já era a terceira vez que Jesus se manifestava aos seus discípulos, depois de ter ressuscitado dentre os mortos. E, depois de terem jantado, disse Jesus a Simão Pedro:

Simão, filho de Jonas, amas-me mais do que estes? E ele respondeu: Sim, Senhor, tu sabes que te amo. Disse-lhe: Apascenta os meus cordeiros. Tornou a dizer-lhe segunda vez: Simão, filho de Jonas, amas-me? Disse-lhe: Sim, Senhor, tu sabes que te amo. Disse-lhe: Apascenta as minhas ovelhas. Disse-lhe terceira vez: Simão, filho de Jonas, amas-me? Simão entristeceu-se por lhe ter dito terceira vez: Amas-me?

E disse-lhe: Senhor, tu sabes tudo; tu sabes que eu te amo. Jesus disse-lhe: Apascenta as minhas ovelhas. Na verdade, na verdade te digo que, quando eras mais moço, te cingias a ti mesmo, e andavas por onde querias; mas, quando já fores velho, estenderás as tuas mãos, e outro te cingirá, e te levará para onde tu não queiras. E disse isto, significando com que morte havia ele de glorificar a Deus. E, dito isto, disse-lhe: Segue-me. E Pedro, voltando-se, viu que o seguia aquele discípulo a quem Jesus amava, e que na ceia se recostara também sobre o seu peito, e que dissera: Senhor, quem é que te há de trair? Vendo Pedro a este, disse a Jesus: Senhor, e deste que será? Disse-lhe Jesus:

Se eu quero que ele fique até que eu venha, que te importa a ti? Segue-me tu Divulgou-se, pois, entre os irmãos este dito, que aquele discípulo não havia de morrer. Jesus, porém, não lhe disse que não morreria, mas: Se eu quero que ele fique até que eu venha, que te importa a ti?

Este é o discípulo que testifica destas coisas e as escreveu; e sabemos que o seu testemunho é verdadeiro. Há, porém, ainda muitas outras coisas que Jesus fez; e se cada uma das quais fosse escrita, cuido que nem ainda o mundo todo poderia conter os livros que se escrevessem. Amém"(João 21:1-25)

Por amor: Antes de retornar ao céus, ao ser elevado na nuvens diante de quinhentas pessoas que serviram de testemunhas, prometeu que enviaria o Espírito Consolador da parte do Pai, para que confortasse a sua "noiva", a igreja, durante as muitas tribulações pelas quais passaria neste mundo.

E que um dia voltaria para levá-los para as mansões celestiais. Por amor: Batizou a sua igreja reunida no dia de Pentecostes, dando a ela dons de línguas estranhas e de profecias com visões. Cumprindo-se a profecia citada por Joel: "E há de ser que, depois derramarei o meu Espírito sobre toda a carne, e vossos filhos e vossas filhas profetizarão, os vossos velhos terão sonhos.

Os vossos jovens terão visões. E também sobre os servos e sobre as servas naqueles dias derramarei o meu Espírito. E mostrarei prodígios no céu, e na terra, sangue e fogo, e colunas de fumaça. O sol se converterá em trevas, e a lua em sangue, antes que venha o grande e terrível dia do Senhor. E há de ser que todo aquele que invocar o nome do Senhor será salvo. Porque no monte Sião e em Jerusalém haverá livramento, assim como disse o Senhor, e entre os sobreviventes, aqueles que o Senhor chamar"(Joel 2:28-32)

Por amor: Fez com que homens tímidos como Pedro se tornasse um corajoso pregador. Que no templo de Jerusalém anunciou a salvação por meio de Cristo. E quase três mil pessoas foram salvas, além do que, até sua sombra curava os enfermos.

Quando passava entre eles: "E, ouvindo eles isto, compungiram-se em seu coração, e perguntaram a Pedro e aos demais apóstolos: Que faremos, homens irmãos? E disse-lhes Pedro: Arrependei-vos, e cada um de vós seja batizado em nome de Jesus Cristo. Para perdão dos pecados; e recebereis o dom do Espírito Santo; Porque a promessa vos diz respeito a vós, a vossos filhos, e a todos os que estão longe. A tantos quantos Deus nosso Senhor chamar.

E com muitas outras palavras isto testificava, e os exortava, dizendo: Salvai-vos desta geração perversa. De sorte que foram batizados os que de bom grado receberam a sua palavra; e naquele dia agregaram-se quase três mil almas."(Atos 2:37-41) Por amor

Salvou a Saulo se Társis, o perseguidor da igreja, e dele fez o maior e mais importante apóstolo do Novo Testamento, pois, através dele expandiu o evangelho pelas regiões além da Judeia. E permitiu aos gentios serem salvos, o que permitiu hoje sermos alcançados pelo perdão divino; foi por intermédio de Paulo, que muito se aprendeu a respeito da vontade divina, as responsabilidades.

E deveres que se deve ter como cristãos. Pelos ensinos que ele deixou escrito em suas cartas, pelas doutrinas nelas contidas, que são necessárias para a organização moral e espiritual da igreja. Aquele homem, que antes era inimigo de Deus, terminou por se tornar um importante instrumento para a causa do cristianismo;

"E Saulo, respirando ainda ameaças e mortes contra os discípulos do Senhor dirigiu-se ao sumo sacerdote. E pediu-lhe cartas para Damasco, para as sinagogas a fim de que, se encontrasse alguns deste Caminho, quer homens quer mulheres os conduzisse presos a Jerusalém. E, indo no caminho, aconteceu que, chegando perto de Damasco, subitamente o cercou um resplendor de luz do céu. E, caindo em terra, ouviu uma voz que lhe dizia: Saulo, Saulo, por que me persegues? E ele disse: Quem és, Senhor?

E disse o Senhor: Eu sou Jesus, a quem tu persegues. Duro é para ti recalcitrar contra os aguilhões. E ele, tremendo e atônito, disse: Senhor, que queres que eu faça? E disse-lhe o Senhor: Levanta-te, e entra na cidade, e lá te será dito o que te convém fazer.

E os homens, que iam com ele, pararam espantados, ouvindo a voz, mas não vendo ninguém. E Saulo levantou-se da terra, e, abrindo os olhos, não via a ninguém. E, guiando-o pela mão, o conduziram a Damasco E esteve três dias sem ver, e não comeu nem bebeu. E havia em Damasco um certo discípulo chamado Ananias; e disse-lhe o Senhor em visão: Ananias! E ele respondeu: Eis-me aqui, Senhor. E disse-lhe o Senhor:

Levanta-te, e vai à rua chamada Direita, e pergunta em casa de Judas por um homem de Tarso chamado Saulo; pois eis que ele está orando. E numa visão ele viu que entrava um homem chamado Ananias. E punha sobre ele a mão, para que tornasse a ver. E respondeu Ananias: Senhor, a muitos ouvi acerca deste homem, quantos males tem feito aos teus santos em Jerusalém.

E aqui tem poder dos principais dos sacerdotes para prender a todos os que invocam o teu nome. Disse-lhe, O Senhor: Vai, porque este é para mim um vaso escolhido, para levar o meu nome diante dos gentios, e dos reis e dos filhos de Israel. E eu lhe mostrarei quanto deve padecer pelo meu nome"(Atos 9:1-16) Por amor: Apareceu em espírito para João, quando este esteve preso na ilha de Pátmos por causa do evangelho, revelando -lhe o Apocalipse das coisas que haveriam de vir a acontecer neste mundo. As coisas futuras, que ocorreriam antes de sua segunda vinda.

Para destruir o do mal e arrebatar a igreja; mostrou ao profeta os mártires na glória, todos aqueles que já morreram por causa da fé que professaram em Cristo. E nos seus ensinamentos, que lavaram suas vestes no sangue do Cordeiro e possuem seus nomes escritos no livro da vida. Por amor: Mostrou a seu sério a Cidade Santa, a Nova Jerusalém. Cujas ruas são feitas de ouro e cristal e avaliada de todo tipo de pedras preciosas descia dos céus para a terra, onde os salvos habitarão com o Senhor por toda a eternidade. Por amor:

Ele ordenou ao profeta João, dizendo: "Eis que cedo venho, e o meu galardão está comigo, para dar a cada um, segundo as suas obras, eu sou o Alfa e o Ômega, o primeiro e o último, o princípio e o fim. Bem-aventurado aqueles que lavam suas vestes no sangue do Cordeiro, para que tenham direito à árvore da vida e possam entrar na cidade pelas portas. Ficarão de fora os cães e os feiticeiros, os que se prostituem, os homicidas, os idólatras e qualquer um que ame e pratique a mentira. (Apocalipse 22:12-15)

Parte 2 - Capítulo 1 - Como Amar

Amar de verdade, é: Se entregar sem medida, se dá por completo, ser sincero na relação, não mentir, não fingir, nada esconder nem surpreender quem amamos com uma surpresa desagradável. Amar, é: Ser transparente, manter-se firme na decisão de pertencer a uma só pessoa, ter certeza de que no coração já não há mais espaços para terceiros.

É se sentir realizado, totalmente satisfeito com a outra pessoa. Amar, é: Sentir nojo de ser tocado por outro corpo que não seja de quem se ama, é ficar cego e surdo para outros flertes, outras propostas, outras paixões que porventura apareçam no dia a dia...Quem ama sinceramente não precisa ser cobrado por fidelidade, pois é fiel espontaneamente, não necessita ser vigiado.

Interrogado, cobrado...Porque tem a consciência de seu dever em ser digno com a pessoa amada, não dá motivos para desconfianças, pois anda de forma reta e pelos caminhos da justiça firma seus passos. Amar, é: Negar-se a si mesmo, pensar apenas na felicidade de seu parceiro, esforçando-se para não ferir seu coração jamais permitir que lágrimas caiam de seus olhos.

Não lhe causar decepção, não permitir que outros lhe critiquem ao sabe que foi vítima de um engano, ciente de que. Agindo assim, receberá com recompensa uma incomparável felicidade que está guardada e reservada apenas para aqueles que escolherem amar com toda força de seu coração como somente aqueles que são do bem sabem fazer, porque pertencem à luz porque pertencem à Deus, que fez o amor

Capítulo 2 - O Valor Do Amor

Muitos são aqueles amam coisas banais, que não satisfazem a alma e nem trazem paz ao coração. Para estes, o amor é algo sem nenhum valor, uma brincadeira, uma diversão, e esquecem que ele não é qualquer sentimento, qualquer pensamento, uma vontade própria que se use e abuse do jeito que bem quiser. Depois reclamam da infelicidade que eles mesmos criaram para suas vidas regadas de luxúrias e vaidades.

Com isso aumenta o número dos que se prendem às drogas à procura da paz que não cultivaram, resultando em constantes suicídios, tantas tragédias que nem sempre é possível evitar...Pelo fato de confundir o amor com paixão, com sexo e prazer, renegá-lo a um simples beijo. Abraços ou a uma emoção passageira que vem e logo se vai.

É que a humanidade deste século vive andando às cegas, na escuridão da ignorância espiritual que ela mesma escolheu viver. Escravos da dor na murmuração de seus repetidos desalentos, na imensidão dos fracassos permanentes que lhes cercam e da existência sem sentido pela qual andam perdidos e sem direção.

O mundo de hoje é mil vezes mais infeliz que o de antes, e o de amanhã dez mil vezes pior que o de hoje. A tendência é piorar cada vez mais e a herança que nos reserva o futuro é tão desesperadora que feliz são aqueles que ficarem para trás.

E não conseguirem atravessar as pontes de cada ano novo que se aproxima. Nós, que seguimos em frente, por vezes agradecemos a Deus por sua infinita misericórdia em nos manter vivos. Apesar das lutas travadas no dia a dia, porém devemos estar cientes de que o nascer do sol que virá não terá mais o mesmo brilho de agora. Porque a maioria de nós esquecemos como se deve amar.

E sem o verdadeiro amor resta apenas a escuridão, as sombras da tristeza que sua ausência pode causar naqueles que desprezam a importância que ele nos traz. Não existiriam tantas catástrofes, tanta violência, a maldade não teria se espalhado descontroladamente sobre a face da terra se todos se dedicassem a amar com mais entusiasmo. Hoje, pelo fato do homem se recusar a buscar o amor em todas as suas formas possíveis.

O abismo de corrupção e miséria abriu sua boca, destruindo famílias inteiras, através da impunidade e da ganância dos poderosos que pisam por cima dos menos favorecidos. Sem sentir por eles qualquer misericórdia, negando-lhes direitos e exigindo deveres que eles mesmos se negam a cumprir. A falta deste sentimento, que vem do Criador para suas criaturas, tem transformado o ser humano num iceberg, numa montanha de gelo. Em seres sem qualquer sintoma de piedade para com seus semelhantes. E isto faz deste planeta um lugar amargo para se viver.

Pois as pessoas desprezam-se umas às outras, são egoístas e estão constantemente preocupadas consigo mesmas e pouco se importam com a dor e o sofrimento alheio. Não adiantam campanhas fraternais, pedir para que voltemos a viver em união. Reconhecendo a necessidade de mais amor, se no final das contas pouco fizermos para dar o exemplo aos que nos observam. É hipocrisia exigir que os outros amem com fidelidade, se somos infiéis. Clamarmos por justiça, se somos injustos.

Pedirmos mais paz, se praticamos a violência. Denunciarmos aqueles que infligirem a lei, se cometemos graves delitos. Condenarmos nossas autoridades políticas, se temos a consciência... De que ocupando a mesma posição de liderança. faríamos semelhantes coisas que eles fazem agora. .A verdade é que o ser humano tem se tornado egocêntrico. Segue olhando apenas para seu próprio umbigo e renegando a segundo plano as necessidades alheias.

Uma prova concreta de que não trazem mais dentro de si mesmos qualquer sinal de um amor puro e transformador. As trevas morais, que cobrem esta geração se dá devido sua abstinência da luz. Do brilho que o amor tem o poder de refletir, sem ela andamos sem a visão necessária para nos desviarmos dos tropeços.

As armadilhas que o mal colocará propositalmente em nosso caminho, com o objetivo de fazer tropeçar os nossos pés nas pedras do engano. A maioria é descrente nestas coisas e se tornaram vítimas potenciais da maldade, já não conseguem enxergar um palmo além do próprio nariz. Vivendo torpes nas cavernas do pecado e da desilusão.

Precisamos urgentemente voltar às antigas origens do amor. Para reaprendermos a amar com maior intensidade e inteireza na alma e no espírito, somente assim resgataremos o antigo dom da plena felicidade que tanto almejamos encontrar.

Capítulo 3 - O Amor É Paciente

É imprescindível aos que amam ser complacentes com todos, pois o amor em si mesmo é paciente e reflete isto em quem se diz amar. Se afirmarmos estar amando e mesmo assim somos incapazes de perdoar as falhas uns dos outros, mentimos e em nós não há nenhuma verdade. O perdão e o amor andam de mãos dadas e são inseparáveis, um completa o outro. Amar é saber esquecer as ofensas alheias.

E conceder ao ofensor quantas chances for preciso para vê-lo mudar de atitude, transformando-se numa pessoa mais digna e fiel (Mt 6:15) Tomemos por exemplo perfeito a atitude que Deus, através de seu imenso amor, teve para com todos nós, ao entregar a vida de seu único Filho na cruz para resgatar todos nós de nossa antiga situação de rebeldia e pecado. João tenta descrever este tão grande amor, ao afirmar: "E Deus amou o mundo de tal maneira que deu seu Filho Unigênito, para que todo aquele que nele crer não pereça, mas tenha vida eterna" (Jo 3:16)

A paciência divina nos permitiu contar, hoje, com a certeza do perdão do Criador, todas as vezes que confessarmos nossos pecados e nos arrependermos com sinceridade. Da mesma maneira devemos saber ser misericordiosos para com aqueles que nos causarem males, entendendo que receberemos de volta. E na mesma intensidade, tudo aquilo que oferecermos ao nosso próximo.

Quem semeia amor e justiça, certamente colherá paz e felicidade, mas o que semear maldades e injustiças colherá os frutos do mal que decidiu plantar para sua própria dor e sofrimento. Jesus Cristo ensinou que é amando que somos amados, perdoando que receberemos o perdão por nossas transgressões.

É dando aos outros que receberemos todas as coisas que precisamos, tanto materiais como espirituais (Mt 7:12) e se aprendermos a sermos compreensíveis com nossos ofensores, concedendo-lhes tempo para que reconheçam as injustiças praticadas contra nós. Então receberemos do alto todas as oportunidades que precisarmos para firmarmos nossos passos e nos tornarmos pessoas cada vez melhores e mais dignas

Capítulo 4 - O Amor É Bondoso

S ua bondade se manifesta pela capacidade única de saber nos conceder novas oportunidades de recomeço, sempre que precisarmos. Quem ama de verdade não fica olhando para trás, relembrando erros que ficaram no passado, mas fazem do tempo um mestre que lhe ensina, por meio das falhas suas ou alheias, como amadurecer para viver em novidade de vida todos os dias de sua breve existência.

Saber esquecer as afrontas causadas por nossos opositores é um ato de amor, é seguir o exemplo dado por Deus que nos perdoa, apesar da rebeldia na qual vivemos e dos pecados terríveis que esta geração pratica todos os dias. Amar é ser piedoso, ser capaz de não revidar a maldade alheia, tratar todos com a mesma ternura e bondade, se compadecer da dor pela qual passam aqueles que sofrem as agruras da vida, chorar com os que choram.

Padecer perseguições e mesmo assim não guardar mágoas de seus inimigos. O amor é bom em todos os seus aspectos, em todas as suas formas na qual se expressa ao mundo, é generoso com os amargos, os revoltosos de coração, rebelados, descrentes, impiedosos e inconstantes na alma.

O amor sabe esperar o momento certo de ouvir e falar, nunca acusa nem aponta o dedo em riste aos culpados, desconsidera os delitos praticados durante as fraquezas do homem sem salvação. E sabe esperar a hora ideal de tentar corrigi-lo, sempre com brandura e paciência, de todas as suas malícias

Sua doçura acaba por nos atrair carinhosamente para si, somente alguém profundamente ferido em seus sentimentos será capaz de mostrar-se indiferente aos seus apelos, pois ele chama o pecador das trevas para a luz conduz os cegos de espíritos na direção certa. E livra do cativeiro dos vícios quem já havia sido desenganado pelos que se negam crer na recuperação da alma humana.

É um sentimento imutável, inalterável, que nada nem ninguém pode adulterar sua postura, sua conduta, sua perfeita forma de ser. Por estas e muitas outras razões podemos afirmar que o amor é bondoso, pois é extremamente paciente com nossas iniquidades. Sendo tardio ao irar-se e em julgar nossas transgressões. Ele é a razão pela qual ainda subsistimos e o mal que envolve a terra não a transforma em total escuridão.

Capítulo 5 - O Amor Não Arde Em Ciúmes

É comum acreditarmos que sentir ciúmes de quem pensamos amar é uma forma real de amor, mas esta conclusão não passa de um terrível engano. Primeiramente, porque o ciúme é insegurança, falta de confiança, uma maneira indireta de julgar a outra pessoa e acusá-la de infidelidade. E isto é um forte contraste com as reais características do verdadeiro amor, que é sinônimo de

Quem ama de verdade acredita na pessoa amada e não vive vigiando seus passos à procura de pistas para confirmar suas suspeitas de traição, porque tem plena convicção que é amado e respeitado da mesma maneira que o faz. Porém, o ciumento é dotado de extrema falta de amor próprio.

Ao ponto de se achar indigno de ser amado e ocupar um lugar único na vida de seu parceiro, vivendo em constante medo de perdê-la e ser traído. O ciúme é o oposto do amor, enquanto o primeiro arde dentro do ser humano e o faz cometer loucuras em nome da paixão que diz sentir.

Ao cúmulo de matar ou morrer por causa de suas incertezas, o segundo é paciente. E benigno, incapaz de ferir, magoar, julgar mal, se comporta violentamente com seu semelhante. Pessoas ciumentas são inseguras, e essa insegurança numa relação pode ocasionar consequências, como agressões físicas. Ameaças, escândalos e até levar a morte de um dos envolvidos.

Qualquer um que se ver neste tipo de relacionamento corre grave perigo e deve libertar-se o quanto antes de tal envolvimento afetivo. Considerando que o amor nos traz como fruto a liberdade, paz, felicidade e não uma vida de opressão e cobranças. Inúmeros casos de casais que viviam nestas condições e se agrediram ao ponto de resultar em tragédias.

Podem ser vistos nos noticiários dos telejornais, todos os dias, comprovando quão perigoso é conviver lado a lado com alguém possuído pelo mal do ciúme. Essa completa insegurança pode levar alguém a loucura de cometer atos jamais vistos ou imaginados. Quem tem ciúmes acredita estar zelando o que é seu, protegendo sua "propriedade particular".

Pois na sua mente obscura pensa ser dono exclusivo de seu companheiro, esquecendo que ninguém pode ser visto como um objeto pessoal de quem quer que seja. Uma pessoa se une a outra, geralmente, porque viu nela algo que cativou seu interesse ou admiração. Beleza, inteligência, dinamismo, dinheiro, fama...Para usufruir a seu lado destas qualidades ou benefícios e não no intuito de ser transformado em estrado de seus pés. O zelo exagerado por alguém pode sufocá-la, além do que ser cobrado indevidamente por coisas que não se faz é muito doloroso e causa descontentamento.

Resultando no enfraquecimento dos sentimentos que porventura possa vir a sentir pelo parceiro, colocando um inevitável fim. Muitas vezes trágico, na vida a dois. Entretanto, casais que se amam verdadeiramente não estão expostos a estes riscos, visto que o amor lhes traz compreensão mútua, companheirismo e isto resulta em profunda paz.

Capítulo 6 - O Amor Não Se Exalta

Não é próprio de quem ama fazer alarde público de seus sentimentos, por entender que isto pode causar sérios constrangimentos na pessoa amada. O amor cristalino é aquele que se ufana, não se comporta mal nem causa escândalos. A maioria das pessoas, quando apaixonadas, desejam expor isto ao mundo inteiro e com isto acabam caindo no ridículo.

Declarações de amor exageradas já levou muitos homens e mulheres a vivenciarem cenas vergonhosas, principalmente quando o oposto lhe disse um não como resposta. Tudo porque ficaram cegos de paixão e confundiram-se, esquecendo que este sentimento é discreto e não se ensoberbece.

Não é típico do verdadeiro amor a exaltação. Quem grita a todos os pulmões "eu te amo" não está apto a amar. O amor é calmo, pacífico, sereno e tranquilo, não é feito de palavras e, sim, de atitudes. Não pisa com força o caminho por onde anda, não deixa rastros visíveis que possa identificar sua entrada ou saída, é leve e seu julgo suave. Sua voz é gostosa de ouvir, seu abraço não sufoca, seu perfume não enjoa, suas exigências são fáceis de cumprir.

Admitir que estamos amando é uma enorme responsabilidade, pois amar não é apenas querer ou desejar, mas ser responsável pela felicidade de outra pessoa, que estará crente na disposição que demonstramos ter de lhe pertencer por toda a vida. Neste mundo moderno em que vivemos os desejos carnais se tornaram sinônimos de amor.

A devassidão sexual no atual século é o símbolo maior do "amor" nas relações entre homens e mulheres, a prostituição virou moda e o homossexualismo algo natural, com a ideia absurda de que pessoas do mesmo sexo podem ir para cama e viver um relacionamento amoroso como um casal normal. Assim, ocorrerá uma enorme exaltação do imoral sobre o que é puro, do erotismo, da sensualidade, das práticas carnais vergonhosas e dos atos devassos modernos.

Em nome de um "amor" que foi criado segundo a vontade humana para satisfazer seu próprio ego pecaminoso e não para ser uma luz que ilumine a alma de quem o possua dentro de si. Enquanto a maioria das pessoas permanecem confundindo o verdadeiro amor com seus desejos impuros, ele se mantém discretamente à distância delas.

Enaltecidos por aqueles que a isso valorizam e o buscam, com um coração contaminado pelo pecado e são merecedores das trevas o que tais coisas praticam. Porque o justo e os que verdadeiramente servem a Deus não se manifestam meio a exaltação da vontade humana nem no prazer pela imoralidade.

Capítulo 7 - O Amor Não Sente Inveja

Algumas pessoas, que por algum motivo nunca conseguiram ser felizes no amor, sentem forte inveja de outras que se realizaram, e como resultado só colhem mais infortúnios na vida, pois os invejosos só amaldiçoam a si mesmo. Cada um trará em si as marcas que merece, a maneira como o Criador recompensa suas criaturas é justa.

E a colheita é feita de acordo com a semeadura. Erramos ao viver em constante procura de alguém que nos ame, pois o correto é aprendermos a amar nosso semelhante primeiro. Para comer o fruto é necessário, antes de tudo, plantarmos sua semente, e na vida as coisas ocorrem de forma idêntica.

Ao invés de se ter inveja da felicidade alheia, devemos ter atitudes que nos ajudem a alcançar este propósito, vivendo em constante pratica do bem. Há pessoas que de tão egoístas só buscam o melhor para si e pouco se importam com o bem-estar dos outros, e ainda assim reclamam de infelicidade. Se não nos esforçarmos para fazer os outros sorrirem, como sorriremos? Se nos negarmos a estender as mãos a quem precisa, como teremos ajuda?

Se fizermos pouco caso com a dor e o sofrimento daqueles que choram suas amarguras, como obteremos misericórdia e socorro durante nossos infortúnios? E é o verdadeiro sentido das palavras de Jesus, quando afirmou que é dando que se recebe (Mt 7:12) Aquilo que desejarmos para nossas vidas, devemos dá aos outros primeiro. Assim nos tornamos mais dignos de receber dos céus aquilo que pedimos. Esta é a lei do amor, que primeiro seja dado e somente depois se receba em dobro tudo aquilo que distribuirmos aos outros.

Jesus Cristo foi o único homem perfeito que já existiu sobre a terra, por ser o unigênito Filho do Deus vivo. E ele foi quem nos deu o maior exemplo disso. Ao oferecer sua própria vida humana numa cruz para que, através deste sacrifício, pudéssemos alcançar a graça da salvação eterna. Mediante a confissão de nossos pecados e aceitando-o sinceramente como nosso Redentor, seremos perdoados.

E é imediatamente restabelecida nossa comunhão com Deus, passaremos a ser novamente vistos como filhos verdadeiros. Não como meros bastardos, no que fomos transformados após a queda de nossos antigos pais no Éden. Tudo isso nos é permitido por conta do amor que ele tem por nós, e assim o fez para que nos servisse de exemplo, ensinando-nos como tratar nossos semelhantes, dando a eles o bem que desejamos receber. Os egoístas geralmente são infelizes, frustrados em suas andanças a procura de realizações. Porque olham apenas para seus próprios umbigos e não enxergam nada além de seus narizes.

Como poderiam alcançar suas metas com uma visão tão limitada? Somente quem é capaz de visualizar quilômetros à frente poderá ir mais longe e tornar real seus sonhos de felicidade. Tanto no amor como em todas as áreas de sua vida. Cristo habitava no seu Reino Celeste. De lá observava a maneira pecaminosa como os homens viviam, dissolutos, perdidos em suas concupiscências, e isto entristecia seu coração.

Por causa disso decidiu abandonar sua morada de glória e veio a este mundo morrer injustamente no calvário por todos nós. Presenteando-nos com a oportunidade de ter nossas transgressões perdoadas. Hoje, ele está mais feliz e em paz consigo mesmo, pois sabe que se alguém for condenado a viver sua eternidade nas trevas será por opção, pois ele deu a todos a chance de arrependimento e perdão.

Capítulo 8 - O Amor É Fiel

O mundo em que estamos vivendo é feito de enganos e traições, em todos os sentidos. Nas relações interpessoais, nas amizades, nos negócios, nas religiões e no amor. Os casais modernos vivem a ideia de que o casamento é apenas uma união temporária, onde cada um pode continuar livre para viver suas aventuras extraconjugais, sem sentir vergonha por isso.

Aqueles que apenas vivem juntos ou namoram, se sentem no direito de colecionar experiências sexuais e a mídia, grande incentivadora da infidelidade, apoia que se viva assim, sem respeitar a dor alheia. A ferida causada pela atitude infiel de uma pessoa para com outra é quase que irreparável.

Alguém traído poucas vezes se sente capaz de confiar novamente e ás vezes nunca mais consegue ser feliz, devido a impossibilidade que herdou, na decepção pela qual passou, de acreditar no amor. É por esta e outras razões que Deus condena e julga réu de juízo quem comete adultério.

pois para ele quem age de tal forma está matando a alma de quem fo
vítima de sua traição, agindo como um verdadeiro assassino. O amo
autêntico traz em si, como principal característica, o dom de ser fiel. Quem
ama com sinceridade se preocupa com o estado emocional de seu parceiro. E
evita lhe causar decepções deste tipo. Sabe que se sentisse na própria pele a
amargura de ser passado para trás iria ser doloroso, então não deseja que seu
conjugue sofra uma dor de tamanha proporção.

Porém, quem não conhece as características do verdadeiro amor e vive
levianamente sai pisando nos sentimentos alheios, causando tristezas e
sofrimentos por onde passa. Infelizmente, estes estão em maior número entre
nós, são os carrascos sentimentais. Que ferem sem piedade os que ainda
acreditam na existência de um amor puro e sincero. Esta é a explicação da
maioria viverem em completa desolação emocional, eles não procuram amar
com lealdades e depois, quando recebem de volta suas trações e infidelidades,
entram em desespero, se angustiam.

Ficam amargos, cometem crimes ou suicídios, desfalecem diante do mal
que eles mesmos contribuíram para que crescesse e os sufocassem. A forma
fiel como o amor se porta diante de uma geração incontinente em suas
relações o transformam no maior e mais importante sentimento da alma
humana. Nada pode superá-lo, pois sua lealdade é incomparável.

Muitos são os caminhos que prometem e apontam para que o homem
possa alcançar a felicidade plena, mas somente aquele que o conduzir numa
trilha feita de dignidade será capaz de fazê-lo chegar a uma completa
realização espiritual, emocional e pessoal.

Parte 3 - Os Filhos De Deus

(Características)

3.1 A Fé

A fé é o firme fundamento das coisas que se esperam, a certeza das coisas futuras que aguardamos (Hebreus 11:1) Sem este dom gratuito, que recebemos de Deus, torna-se impossível manter plena comunhão com Cristo e permanecer na mesma sintonia com o seu Espírito. Pela fé somos salvos, alcançados pela divina graça que nos transforma, limpa nossa alma manchada pelo pecado e nos santifica para a sua eterna adoração.

Um homem sem fé se torna impotente diante dos obstáculos, não reage as provações com otimismo e se deixa vencer pelas frustrações. Se não acreditar, não conquista seus ideais, não realiza seus projetos nem avança vitorioso rumo ao futuro.

Passa a ser refém do pessimismo, torna-se covardemente medroso, vive assustado, com medo do amanhã, tropeçam em seus receios e perdem-se em suas próprias desconfianças

Em contraposto, pessoas confiantes vão mais longe porque acreditam no impossível, veem oportunidades onde os pessimistas só vislumbram dificuldades. Fazem de cada oportunidade uma nova chance de vencer e dos poucos fracassos a que são submetidos um aprendizado para se tornarem cada vez mais fortes e otimistas, por isso são sempre tão vitoriosos. Deus não conhece a derrota e não sente prazer naqueles que vivem reclamando fracassos.

Pois sabe que o homem que não avança nos seus projetos é porque teve pouca força para acreditar nele e em si mesmo. Fazendo uma análise nos heróis da fé, cujas história ficaram registradas na Bíblia Sagrada para memória eterna se seus grandes feitos, observamos que todos eles tiveram em comum a firme esperança de que conquistariam seus objetivos. Abraão, teve a certeza de que Deus lhe devolveria a vida de seu filho Isaque, mesmo depois de sacrificá-lo(Gênesis 22:1-19)

Jacó confiou na providência divina em fazer justiça a seu favor e lhe fazer prosperar em todos os seus caminhos, quando fugia da ira de seu irmão Esaú(Gênesis 28:18-22) José se manteve fiel até o fim, suportando as perseguições dos próprios irmãos, que o venderam como escravos pro Egito, certo de sua vitória (Gênesis 37:1-36) Moisés porquanto no princípio demonstrou covardia diante do enorme compromisso.

Depois aprendeu confiar no Senhor e conduziu os israelitas a terra prometida, suportando o sol escaldante do deserto e a perseguição daqueles que se optaram a sua liderança;(Êxodo 3:1-22;4:1-17)

Gideão, com trezentos homens teve fé e venceu os midianitas que eram em maior número (Juízes7:7) Rute, que ficou viúva e passava grande necessidades ao lado de sua sogra creu na providência divina. Achou graça diante do seu resgatador, que a fez sua esposa e como mérito de Senho acabou sendo aquela de quem descendeu o rei Davi (Rute 4:13)

Elias, o profeta, que apesar do susto inicial pelo perseguição de Jezabel ficando recluso numa caverna por um tempo, recebeu a visita de anjo que o alimentou com pão e água, depois voltou e amaldiçoou aquela que perseguia os profetas a uma morte vergonhosa, sendo comida pelos cães raivosos.

Venceu os profetas de baal e fez cair fogo do céu, foi transladado e levado aos céus num carro de fogo, sem passar pela morte física(1 Reis 18:20-40) Pela fé Eliseu herdou os poderes de Elias e fez grandes feitos: Abriu as águas do rio e passou à seco, fez o machado flutuar, multiplicou o azeite da botija da viúva(2 Reis 4:1-7) Ressuscitou o filho da Sunamita (2 Reis 4: 8-37)

Curou o servo do rei de uma lepra, usando como remédio as águas barrentas de um rio (2 Reis 5:1-27) Pela fé Davi a sobressaiu mais que seus irmãos de melhor aparência, conquistou o coração de Deus e se tornou rei de Israel e mesmo depois de cometer grande pecado foi perdoado

E restaurou seu reino ainda maior que antes, morrendo em plena velhice e deixando grande legado a seu filho Salomão (1 Crônicas 1:1,2) Não podemos esquecer todos os profetas, de Isaías a Malaquias, que honraram seus ministérios, apesar das agruras sofridas. Pela fé de que seriam recompensados numa existência futura, cumpriram suas missões de atalaias do Senhor.

Jesus Cristo garantiu a seus discípulos que eles poderiam realizar milagres maiores do que aqueles feitos por ele, no futuro, se porventura tivessem uma fé maior que um grão de mostarda (Lucas 17:6) A fé é a energia da alma humana, a força que move o universo e permite todas as coisas acontecerem. Sem ela o homem não existe dentro de si mesmo, nada faz, nada realiza.

3.2 - Arrependimento

Depois de crer na pregação do evangelho, o pecador se arrepende dos erros cometidos e se humilha aos pés da cruz, abandona a antiga vida de pecados e busca em Deus forças para vencer suas fraquezas. E é neste momento que o Espírito Santo o convence que não passa de um pobre, nu e desgraçado, sem direito algum a misericórdia de Deus.

Não importam suas riquezas, todo o ouro ou a prata que possua, a fama que porventura venha a ter neste mundo, sem Cristo não é nada.Será apenas um condenado a morrer e ser lançado na escuridão. Porém, mediante um sincero arrependimento, é transformado numa pessoa renovada, com bons atos e costumes, cheio de esperanças e sentindo mais prazer em viver a nova vida que recebeu do Senhor.

A morte e ressurreição de Jesus Cristo não foi apenas uma encenação que aconteceu no objetivo de mostrar o quanto ele nos ama (João 3:16), mas uma forma real de dar ao pecador um escape para livrar-se das amarras do pecado. Satanás, o principal inimigo de Deus e da sua criação. Vive fugindo ao derredor, como um leão feroz e faminto, procurando quem possa tragar (1 Pedro 5:8)

Mas Cristo veio a este mundo, na forma humana, para dar-nos a oportunidade de derrotar as forças do mal e nos tornarmos mais que vencedores, através de sua glória derramada sobre aqueles que se renderem aos seus pés. Ao ser instruído a respeito das verdades do evangelho. O homem destituído da graça divina arrepende-se e percebe seu estado lastimável e decide mudar a trajetória pela qual tem seguido até então.

E a sua aproximação da luz transformadora do Senhor lhe conduz ao caminho pleno da salvação de sua alma, a uma profunda mudança em sua conduta e de seu interior passam a fluir "rios de água viva" (João 7:38) que são as manifestações do Santo Espírito, que leva-o a saber cada dia mais a respeito dos mistérios divinos.

Preparando-o para ser aceito como um autêntico filho do Altíssimo, adotado mediante a fé declarada no Unigênito de Deus e pela decisão de arrepender-se dos antigos atos de ignorância, praticados enquanto vivia na escuridão, e que foram apagados no momento de sua conversão. Ao olhar dos altos céus e ver que o homem tornou-se pior a cada geração.

Deus decidiu exterminar a raça humana da face da terra. Desta feita não com água, como nos tempos de Noé, mas com fogo. Para conter a ira do Pai, o Filho se prontificou em nascer de mulher e, na personificação de um homem natural, porém sem pecado. fazer um sacrifício perfeito que aplacasse seu descontentamento e lhe permitisse deixar com que continuasse a existir vida na terra e fosse dada ao pecador a chance de corrigir-se de seu atual estado de rebeldia.

Cada gota de sangue derramado serve para salvar e regenerar a toda criatura racional de Deus. Somos salvos mediante a sua graça, e não por méritos próprios, para que não venhamos a nos exaltar por nossos feitos. Cristo deu a vida no madeiro para nos conceder a chance de salvação e a nossa parte neste acordo é de se ter consciência de nosso atual estado pecaminoso e nos arrependermos de nossas imperfeições, confessando a ele nossos mais densos pecados. Humilhando-nos diante de sua majestosa santidade, afim de que sejamos definitivamente lavados por seu sangue purificador e ter nosso nome escrito no livro da vida do Cordeiro.

Os sinais do fim já estão visíveis, as profecias do Apocalipse estão se cumprindo apressadamente, o tempo passa numa velocidade jamais vista, e se aproxima o dia da vinda do Senhor, para resgatar sua noiva deste mundo apodrecido pelo fedor do pecado que se espalha como pestilência sobre a humanidade. Vencida pelo mal. Isto porque perdeu o prazer em Deus, vindo em seguida o surgimento do maldito que, na semelhança de Cristo.

Também nascerá de uma mulher na aparência de homem. E, por um curto período de tempo, mas que será suficiente para causar o pior estágio da vida humana atormentará todos os que rejeitaram espontaneamente os apelos do Espírito. Pela boca da igreja, para que arrepende-se de seus maus caminhos e não deram crédito, insistindo em suas torpezas e nos seus enganos. Felizes serão todos quanto tiveram a oportunidade de encontrarem-se com a liberdade em Cristo estão livres de ter que passar por tão horrenda tribulação. O sacrifício expiatório do Unigênito de Deus na cruz foi feito para aniquilar o aguilhão da morte, que matava indiscriminadamente o corpo e mandava as almas cativas para o inferno.

Por esta razão, após ressuscitar dentre os mortos ele, Jesus, desceu ao seio da terra e tomou das mãos do adversário o poder aniquilador e hoje é quem decide quem vive e quem morre. Pois está, hoje, assentado a destra do Pai, onde lhe foi confiado todo o poder sobre a vida e a morte (Hebreus 12:2)

No dia do grande julgamento ele saberá julgar com a devida justiça, dando a cada um a recompensa que merece receber de acordo com as oportunidades de salvação que desperdiçou. As vezes que endureceu o coração aos apelos do Espirito, que se negou a admitir seus erros e arrepender-se das iniquidades praticadas por puro prazer e pela falta de temor que sempre viveram neste mundo (Apocalipse 20:11-15)

João viu os remidos na glória, todos com vestirás brancas diante do Cordeiro entoando louvores ao seu excelso nome (Apocalipse 7:9) Este, certamente será o futuro daqueles que escolherem seguir o caminho da submissão a Cristo. Eu metendo-se a sua vontade e cumprindo seus mandamentos até o fim.

Pois esta foi a promessa que ele fez a todos os que se mantivessem fiéis aos seus ensinamentos: " Sê fiel até a morte, e dar-te-ei a coroa da vida"(Apocalipse 2:10) Poder deixar mate corpo mortal um dia e ir habitar nas mansões celestiais é o grande sonho dos filhos de Deus. Esta é a herança do remidos, dos que optaram em se tornar inimigos do Diabo e das paixões mundanas para estar para sempre ao lado de seu Salvador, entoando aleluias ao Rei.

3.3 - Perdão

Saber perdoar é uma condição essencial para definir nossa verdadeira transformação espiritual, através da conversão.

Todo cristão, realmente convertido a Cristo. E ao evangelho é capaz de dar o perdão a seus inimigos, pois em si está o Espírito da graça que é o amor. Para definir a misericórdia divina, João tentou se expressar da maneira mais profunda possível, ao afirmar que Deus sacrificou seu único Filho em favor dos pecadores (João 3:16)

Jamais seremos capazes de tal atitude em favor de nossos inimigos, sim, porque foi nisso que o homem se tornou após a sua queda no Éden. Mas, com amor incomparável fez tamanho sacrifício e nos mostrou a imensidão de sua misericórdia, dando-nos o exemplo de piedade para com nossos semelhantes. E nos fazendo entender a importância de saber perdoar as ofensas sofridas, mesmo quando somos inocentes e não merecemos a afronta. No sermão do monte, Jesus ensina que Deus sequer ouvirá a oração dos que se negam a reconciliar-se com seu próximo (Mateus 5:23,24)

Na parábola do credor incompassivo mostra qual será a recompensa daqueles que não sabem ser complacentes com os que lhe devem. Quando indagado por Pedro sobre quantas vezes devia perdoar, respondeu setenta vezes sete, ou seja, quatrocentos e noventa vezes. Se analisarmos bem, ninguém em sua sã consciência irá afrontar um adversário por um mesmo motivo tantas vezes. A resposta do Mestre apenas concluía a ideia de que devemos perdoar sempre, toda e qualquer agressão sofrida.

Seja física ou por palavras. Quando os discípulos de Jesus sofriam perseguições, eram presos e espancados, alegravam-se por ter o privilégio de sofrer por Cristo e não guardavam mágoas de seus agressores (Mateus 6:14,15) Perdoar é esquecer o mal que nos é causado pelas pessoas que nos cercam.

Devemos lembrar com éramos errados antes de nossa conversão a Cristo e de como ele perdoou nossos pecados. Que não eram poucos, e nos deu a chance de um novo recomeço. Particularmente, gosto de lembrar o episódio citado por João, no evangelho que escreveu, onde citou p reencontro de Jesus e Pedro à beira do rio, após sua ressurreição. Depois de se identificar aos discípulos, o Mestre chama Pedro e pergunta três vezes se ele o ama, Em seguida lhe dá uma nova missão, dizendo-lhe para que apascentasse suas ovelhas (João 21:15-17)

Aquele homem, que o Senhor Jesus Cristo passou a considerar como seu melhor amigo e que jurou nunca abandoná-lo, mesmo quando surgissem as piores perseguições, foi o primeiro a negá-lo publicamente. Se isto ocorresse com um de nós seria uma grande decepção e dificilmente iríamos querer lhe dá o perdão.

Mas, para nos deixar o exemplo, Jesus não somente perdoou a covardia do discípulo, como também deu a ele uma segunda chance concertar seu erro. De agir como um verdadeiro amigo e irmão, entregando-lhe a missão de iniciar, juntamente com os demais apóstolos, a criação da igreja e dar prosseguimento a pregação do evangelho aos perdidos. Depois do dia do Pentecostes, após receber virtudes do céu, Pedro, cheio do Espirito Santo, discursou a respeito de Jesus no templo e quase três mil pessoas se converteram a Deus.

O homem covarde e tímido que tempos atrás negou seu Mestre, agora arrastava multidões para seguir o Senhor (Atos 2:37-41) Até sua sombra, ao passar pelas ruas, curava os enfermos, quando por ela tocada. Aí vemos a importância do perdão, através dele Cristo permitiu que Pedro tivesse uma nova chance de acertar e, como podemos ver, ele teve a vida completamente transformada. Imaginemos o que poderia ter acontecido com Pedro.

Se por acaso não tivesse recebido o perdão de Jesus. Ficaria excluído do seio da igreja e se perderia na antiga vida de pecados. Lamentavelmente, é isto o que tem acontecido na vida de muitos cristãos da atualidade. Por não receber uma segunda oportunidade de recomeçar a vida cristã com os antigos irmãos, na mesma proporção de companheirismo de antes. Pois, ao regressar para a convivência na sua congregação é alvo da indiferença por parte dos preconceituosos, que se negam a vê-lo novamente como um irmão em Cristo.

Acontece, também, de uma pessoa ferir os sentimentos ou a confiança de outra e jamais obter seu perdão. Passando a ser alvo de seu desprezo e do ódio para sempre. Mas Deus nos deu a maior prova de amor, misericórdia, compaixão e perdão, ao entregar-se na cruz para salvar a todos nós, quando ainda éramos escravos do pecado, sem cobrar nada por isso (Romanos 5:6-8)

3.4 - Salvação

Depois de acreditar no poder transformador do evangelho, renunciando o mundo pecaminoso e suas concupiscências, tornando-se submisso a vontade de Deus e seguindo seus conselhos, o homem é renovado de sua vã maneira de viver, passando de um vil pecador a herdeiro das promessas divinas de salvação.

Agora, como um autêntico filho de Deus, o antigo pecador, cujo destino seriam as profundezas do abismo, passa a ser um cidadãos dos céus e tem como garantias a certeza da vida eterna: "Porque todo aquele que invocar o nome do Senhor será salvo" (Romanos 10:13) Independente de quem seja o pecador: De sua origem, raça, se rico ou pobre. Da gravidade de suas ações, dos crimes cometidos e da época em que viveu nas trevas.

Ao se converter a Cristo de todo coração tem seu histórico de imperfeiçõe perdoado e apagado dos registros celestiais. A salvação da alma humana significa livrá-la da condenação eterna, evitar que seja lançada no lago de fogo com sataná e seus anjos no dia do juízo: "E se alguém não foi achado com seu nome escrito no Livro da Vida, esse foi lançado no para dentro do lago de fogo" (Apocalipse 20:15)

A certeza desta punição deve levar o ser humano a refletir sobre a sua atua situação diante de Deus, para corrigir-se espiritualmente e tornar-se um cidadão dos céus e assim poder habitar nas mansões celestiais, rejeitando toda a aparência do mal, vivendo uma nova vida e se tronando dia após dia na semelhança de Cristo: "Porque os que se inclinam para a carne cogitam das coisas da carne, mas os que se voltam para o Espírito acham vida e paz.

Por isso, a inclinação para os desejos da carne é inimizade contra Deus, pois a carne humana não está sujeita a Deus, e nunca poderá está. Portanto, os que estão na carne não podem agradar a Deus. Vós, porém, nãos estão na carne, mas no Espírito, se de fato o Espírito de Deus habita em vós. E, se alguém não o Espírito de Cristo, esse tal não é dele. Se, porém, Cristo não está em vós o vosso corpo está morto por causa do pecado, porque somente o Espírito é justiça e vida.

Se habita em vós o Espírito daquele que ressuscitou Jesus dentre os mortos, esse mesmo vivificará também o vosso corpo mortal por meio do poder que em vós existe" (Romanos 8: 5-11) Aqueles que já aceitaram a Cristo renasceram das trevas para a luz e devem viver plena e publicamente esta novidade de vida. Para que seus testemunhos possam ser vistos pelos que ainda não conhecem a Deus. Para que, dessa maneira, eles possam maravilhar-se da transformação.

Ocorrida nos antigos pecadores que dantes conheciam e juntamente se convertam de suas iniquidades, voltando-se para Jesus, que amorosamente os receberá e lhes iluminará: "Olharam para ele e foram iluminados, seus rostos não foram confundidos" (Salmos 34:5) A atitude digna e o viver honesto os que agora caminham lado a lado com o Senhor servirá de incentivo para que os perdidos encontrem motivos para ter esperanças.

Para que busquem a salvação na cruz de Cristo, que está disponível a todos quanto desejam alcançá-la: "E será que todo aquele que invocar o nome do Senhor será salvo" (Atos 2:21) Muitos acreditam que por serem religiosos e cumprirem fielmente as liturgias de suas crenças verão a Deus, mas esquecem que nada daquilo que venhamos a fazer neste mundo nos tornará dignos de ficar face a face com o Salvador.

Não sem antes verdadeiramente convertidos a ele. Estar em Cristo é desprezar o "mundo" e suas ilusões, odiar o pecado e amar somente ao Senhor. Pouco contará, para Deus, nossa vã aparência de humildade, se ajudamos os menos favorecidos, estendemos a mão para dar pão ao faminto, somos justos em nossos negócios e não defraudamos o próximo...Se antes disso somos adúlteros.

Prostitutos, mentirosos, viciados e materialistas. Precisamos estar de fato salvos na pessoa de Jesus Cristo, completamente transformados e limpos de todo pecado: "Aproximemo-nos com sincero coração em plena certeza de fé, tendo o coração purificado de má consciência e lavado o corpo com água pura. Guardemos firme a confissão da esperança sem vacilar. Pois, quem fez a promessa é fiel para a cumprir...Porque, se vivermos deliberadamente em pecado, depois de ter recebido o pleno conhecimento da verdade já não nos restará sacrifícios.

Disponível pelo pecado, do contrário, haverá apenas uma certa expectativa horrível de juízo e fogo vingador, prestes a consumi-los. Sem misericórdia morre pelo depoimento de duas testemunhas quem tiver rejeitado a lei de Moisés, de quanto mais severo castigo julgais aquele que pisar com os pés o Filho de Deus.

E profanar o sangue da aliança com o qual foi santificado e, apesar disso ultrajou o Espírito da graça. Ora, porventura não conhecemos aquele que disse: Minha é a vingança, eu dou a recompensa?" (Hebreus 10:22,26-30) Andemos, pois, segundo a salvação que de Deus recebemos.

3.5 Santidade

A santidade é uma das características daqueles que se identificam como salvos na pessoa de Jesus Cristo e são chamados filhos de Deus. É impossível que quem diz ter parte com Deus, que é santo em toda a sua complexidade, viva pecando. "Se dissermos que temos comunhão com ele e andamos em trevas, mentimos e não praticamos a verdade. Se, porém, andarmos na luz, como ele está na luz, mantemos comunhão uns com os outros.

E o sangue de Jesus, seu Filho, nos purifica de todo pecado" (1João 1:6,7) Não existe esta história de ser cristãos pela metade, ou nos entregamos por completo a Deus e nos desligamos definitivamente do mundo pecaminoso onde vivíamos, ou não seremos aceitos por ele como filhos. "Vós sois o sal da terra; ora, se o sal vier a ser insípido, como lhe restaurar o sabor? Pra nada mais presta senão para ser lançado fora e ser pisado pelos homens. Vós sois a luz do mundo: Não se pode esconder a cidade construída sobre um monte.

Nem se acende uma candeia para colocá-la debaixo de um alqueire, mas no velador para iluminar todos os que estão na casa. Assim brilhe vossa luz diante dos homens para que vejam as vossas boas obras e glorifiquem a vosso Pai que está nos céus " (Mateus 5: 13-16) Se temos comunhão real com Deus, sem dúvida as pessoas ao redor perceberão a diferença no nosso proceder. Certamente não mais seremos como antes nem praticaremos os mesmos atos vergonhosos de outrora.

Os salvos em Cristo brilham neste mundo de completa escuridão moral, são um exemplo de pudor e retidão diante de uma geração corrompida, escravizada pelo pecado e conformados com a iniquidade que faz do homem um ser reduzido ao pó e a cinza. E a razão de tamanha virtude encontra-se no fato de que agora, por ter escolhido a Cristo como Senhor de nossas vidas, passamos a pertencer ao seu reino.

" Agora, pois, nenhuma condenação há para os que estão em Cristo Jesus. Porque a lei do Espírito da vida, em Jesus Cristo, te livrou da lei do pecado e da morte...Pois todos os que são guiados pelo Espírito de Deus são filhos de Deus...O próprio Espírito testifica com o nosso espírito que agora somos filhos dele. Ora, se somos filhos, somos também herdeiros com Cristo, e se com ele sofremos, também com ele seremos glorificados" (Romanos 8:1,2,14,16,17)

Mas para que esta afirmação se concretize em nossas vidas, devemos antes buscar viver de maneira a não deixar a sua luz, que é a santidade que ele exige de cada um dos seus filhos."Antes, santificai a Cristo como Senhor em vosso coração, estando sempre preparados para responder a todo aquele que vos pedir a razão da esperança que há em vós. Fazendo-o, todavia, com mansidão e temor.

Com boa consciência, de modo que naquilo que em que falam contra vós fiquem envergonhados os que difamam o vosso bom procedimento em Cristo"(1 Pedro 3:15,16) Ser santos, como pede as Escrituras, não significa ser perfeitos mas ficar o máximo possível longe do pecado e do que o mundo oferece. Os herdeiros da graça de Deus devem ser diferentes, opostos aos que rejeitam a salvação que ele lhes tem oferecido mediante o sacrifício feito por Cristo no Calvário

. Enquanto eles sentem prazer na prática do pecado e nas suas concupiscências os que já estão justificados pelo sangue expiatório que foi derramado na cruz, buscam continuamente a presença do Senhor e de sua santidade. Para que permaneçam lavados por seu sangue e cada vez mais renovados por seu poder infinito. "Por isso, deixando a mentira, fale cada um a verdade com o seu próximo, porque somos membros uns dos outros. Irai, mas não pequeis, não se ponha o sol sobre as vossas iras, nem deis lugar ao Diabo.

Aquele que furtava, não furte mais, trabalhe. Fazendo com as próprias mãos o que é bom e tenha com que ajudar os mais necessitados. Não saia de vossa boca nenhuma palavra imoral, e sim unicamente a que for para edificação, conforme necessidade, e assim transmita graça aos que vos ouvem. E não entristeçais o Espírito de Deus no qual fostes selados para o dia da redenção.

Longe de vós toda amargura, cólera e ira, gritaria e blasfêmias, bem assim como toda a malícia. Antes, sede uns para com os outros benignos, compassivos, perdoando-vos uns aos outros como também Deus, em Cristo, vos perdoou." (Efésios 4:25-32) Muitos se intitulam donos da verdade e alegam que suas religiões são as mais corretas.

E que para ser filhos de Deus devem segui-las. Sabemos que a única linha de fé mais próxima das verdades bíblicas encontra-se entre os cristãos pentecostais, pois somente eles confessam publicamente o nome de Cristo. No momento de suas conversões, porém, viver de forma digna e piedosa diante de um mundo encoberto pelas trevas do pecado já é uma grande forma de confessar o nome de Jesus e declarar que fez dele seu único Salvador.

O "mundo" lá fora observa aqueles que se dizem estar salvos do pecado, e poderão seguir seus exemplos, decidindo se converter ao evangelho, alcançando plena salvação em Jesus. Se de fato perceber que aquele no qual depositou sua atenção é verdadeiramente um homem ou uma mulher de bom procedimento. Mas, se por qualquer razão ele se decepcionar, ai endurecerá seu coração e rejeitará os apelos do Espírito Santo.

Que é quem convence o pecador a voltar-se para Deus, e o Senhor imputará naquele falso cristão que causou tal situação, a culpa pela perda daquela alma, retirando dele sua parte na arvore da vida (Apocalipse 22:19) Buscar diariamente a santidade para suas vidas é uma tarefa árdua, mas necessária, para os filhos de Deus.

Pois é esta qualidade espiritual que serve como identidade para provar aos perdidos que de fato estão diante de verdadeiros representantes dos céus na terra. O Senhor precisa continuar falando de seu amor para suas ovelhas desgarradas, e é através da igreja que assim faz. Mas, para que seu Santo Espírito possa usar seus filhos nesta missão de resgatar as almas perdidas. Se torna necessário que estes estejam purificados de suas iniquidades, com suas vestes brancas e seus corações iluminados por sua justiça.

"Vivei, acima de tudo, por modo digno do evangelho de Cristo, para que indo vê-los ou ficando distante possa ouvir que estais firmes num só espírito, como uma só alma, lutando juntos pela mesma fé...Para que vos torneis irrepreensíveis e sinceros, filhos de Deus inculpáveis, no meio de uma geração pervertida e corrupta, na qual resplandecei como luzeiros neste mundo" (Filipenses 1:27; 2:15) Santidade é moralidade. Ser santo é procurar de forma digna, em honestidade e se esforçar para agir com justiça em todas as suas questões pessoais com seus semelhantes.

Um Deus que se diz justo em suas decisões para com os homens. De maneira alguma concordará com a injustiça que, porventura, este venha a cometer contra seu semelhante. Portanto, ser santo é ser justo. Não necessariamente perfeito, sem pecados, mas saber agir de forma a não ferir o direito alheio. Santidade, também, é ser puro de alma e espírito.

É renegar o pecado em todas as suas formas, dizer não aos convites do mundo, desprezar os prazeres da luxúria, escolher a solidão a viver os desejos de seu corpo mortal. É olhar em redor e decidir permanecer no anonimato, sem amizades que iriam corromper seus bons costumes. É amar mais a luz do que as trevas, ser inimigo do mal e amigo do bem. Criar inimizades com satanás e viver na paz de Cristo. Mesmo que isto signifique perseguições, críticas, escárnios e rejeições.

Os filhos do Altíssimo, mantém-se distantes de tudo que considera imoral, sujo. Condenável e uma afronta a Deus. Para estes, pouco importa se serão martirizados, odiados e até mortos, desde que suas vidas sejam motivos de glorificar o nome daquele que lhes redimiu do poder da morte. "Pois esta é a vontade de Deus:

A vossa santificação, que vos abstenhais da prostituição, que cada um de vós saiba possuir o próprio corpo em santificação e honra. Não com o desejo de lascívia, como aqueles que desconhecem a Deus. Que ninguém engane a seu irmão, porque o Senhor é contra todas estas coisas...

Porquanto Deus não nos chamou para a impureza e sim para a santificação. De forma que, quem despreza estes conselhos não estar a desprezar os homens, mas a Deus, que também decidiu vos dar de seu Espírito" (1 Tessalonicenses 4:3-8) A igreja cristã deste século despreza a vida de santidade que o Senhor exige de sua noiva, e ainda diz que aguarda ansiosa a sua vinda. Mas sabemos que ele virá no propósito de levar consigo um povo santo, comprado e lavado no seu sangue e de boas obras

"E aquele que está assentado no Trono, disse: Eis que faço novas todas as coisas. E acrescentou: Escreve, porque estas palavras são fiéis e verdadeiras: Tudo está feito. Eu sou o Alfa e o Ômega, o Princípio e o Fim. A quem tem sede darei de graça da fonte da água da vida. O vencedor herdará estas coisas e eu lhe serei Deus e ele me será filho.

Quanto aos covardes, aos incrédulos, aos abomináveis, assassinos, impuros, feiticeiros, idólatras e a todos os mentirosos, a parte que lhes cabe será o lago que arde com fogo e enxofre, a saber, a segunda morte" (Apocalipse 21: 5-8)Deus, como um Pai cheio de amor por seus filhos, deseja impedir que se percam. Que sejam condenados e o obriguem a lançá-los no lago de fogo. No juízo final, com Satanás e seus anjos (Apocalipse 20:15) A cidade santa, a Nova Jerusalém, que o profeta João viu na visão do Apocalipse descendo do céu, onde o Senhor habitará com seu povo.

Somente será permitido entrar por suas portas os escolhidos de Deus, que lavaram suas vestes no sangue do Cordeiro. Assim, é imprescindível manter-se puro, separado do mundo onde jaz o poder do mal e se firmar na santíssima gloria de Cristo; Para com ele reinarmos para todo o sempre. "Bem-aventurado aquele que lavam as suas vestiduras no sangue do Cordeiro, para que lhes assista o direito à arvore da vida e entrem pelas portas" (Apocalipse 22:14)

Parte 4 - Desbravadores do Cristianismo

Uma das mais importantes características de um filho de Deus é o amor por ele, acima de tudo, pois este é o maior de todos os mandamentos descritos no Decálogo, da Lei dada a Moisés. Citado por Jesus no Novo Testamento (Mateus 22:34-40) Quem se negar a cumprir esta ordenança divina não pode alegar ter uma filiação real com Deus, na condição de herdeiro das suas riquezas espirituais.

Paulo explicou que antes de ser alcançado pela misericórdia do Senhor e salvo de seu estado deplorável, o homem era apenas uma criatura distante do seu Criador. Porém, depois que foi alcançado pela graça do sacrifício feito na cruz e aceitou a Cristo como seu único e legitimo Salvador.

Morreu o velho homem, rasgou-se a cédula do pecado. A antiga dívida de rebeldia que havia herdado de seus prometidos pais, no Éden, foi paga com o sangue puro do cordeiro de Deus, e agora está limpo de toda suas culpas (Romanos 5:17-19)

Seu nome foi escrito no Livro da Vida e passou a ser aceito como filho legítimo e não mais como um bastardo. Pois uniu-se ao Unigênito do Pai Mas, é interessante lembrarmos que o simples fato de aceitarmos a Cristo como nosso Salvador fazermos parte do uma religião.

Não determina que de fato fazemos parte da família do Senhor ou que ainda temos o nosso nome escrito nos céus, é preciso que permaneçam fiéis aos princípios bíblicos, aos padrões requeridos no evangelho pelo qual fomos iluminados para encontrarmos a liberdade que agora conquistamos.

Porque, se novamente viermos a ser vencidos pelo mal que antes nos escravizava, certamente nosso estado espiritual se tornará pior que antes de conhecermos a luz. Portanto, amar a Deus acima de tudo é colocá-lo em primeiro lugar nas nossas vidas. Nada poderá sobrepor a sua importância para nós, nem nossas famílias, nossos bens, nossos sonhos e projetos, tampouco nós mesmos. O amor que ele requer de seus filhos é completo, incondicional e verdadeiro.

Deus não aceita ocupar apenas um pequeno espaço em nossos corações, mas exige entrega total. Usando uma expressão popular, com o Senhor é oito ou oitenta, ou lhe ofertamos cem por cento de nossa atenção ou viremos-lhe as costas de uma vez, porque ele é um Deus tremendo em glória e poder, negando-se a receber de suas criaturas, principalmente dos que já foram recebidos como filhos, um amor fingido. Incompleto e vazio. Isaías, profetizou: "A quem, pois me comparareis para que eu lhe seja igual? Olhai os olhos e vede: Quem criou estas coisas? Foi aquele que faz sair o seu exército de estrelas, todas bem contadas, as quais ele conhece todas pelo nome.

Por ser ele grande em força e forte em poder. Nenhuma vem a lhe faltar (Isaías 40:25,26)   Ao imaginarmos um Ser com esta magnitude, capaz de contar as estrelas e chamá-las todas pelo nome.   Entendemos que nos tornamos como grãos de areia na imensidão da praia, gotas de água num oceano e minúsculos pontos no infinito. O Senhor de toda a terra possui um poder incalculável e nossa entrega a ele deve ser total.

Não apenas pelo fato dele ser imensurável, mas para possamos ser percebidos por ele, pois entre milhares de milhares de pessoas neste mundo somos quase que imperceptíveis. Precisamos ser como as estrelas de maior grandeza, brilhando o mais forte possível para sermos notados.

Aliás, esta é uma marca registrada dos filhos de Deus, tudo o que eles fazem é grandioso e realça mais do que aquilo que é feito pelos demais. Suas adorações são mais profundas, a entrega mais intensa, as orações mais fervorosas, a fé mais poderosa. Dificilmente encontramos nas Escrituras um elogio feito pelo Senhor.

Principalmente ao homem, mas existiram aqueles que, por sua profunda fidelidade, conseguiram mover o olhar do Altíssimo para si e tiveram seus feitos reconhecidos. Temos o justo Jó, que mesmo diante de uma grande provação não desprezou o seu Deus (Jó 2:10) A Abraão, por sua fé incontestável, adquirindo os títulos de "amigo de Deus" (Tiago 2:23) e " o pai na fé" (Romanos 4:11)

Moisés, elogiado pelo Senhor por ter sido fiel em toda a sua casa(Números 12:7) Davi, que recebeu o título de "um homem segundo o coração de Deus", devido o seu extremo zelo pelo nome do Senhor (Atos 13:22) E, no Novo Testamento, o destaque fica com Paulo, o antigo perseguidor dos cristãos, que após ser salvo e rejeitado por alguns dos apóstolos.

Foi anunciado que o nome de Cristo seria glorificado através de sua vida (Ato: 9:15,16) Na verdade, apesar de não estarem com seus nomes citados aqui, nen destacados nas páginas da Bíblia Sagrada, milhares de outros cristãos mereceran os elogios de Deus por seus feitos valorosos em prol do evangelho. Ocorridos no: primeiros séculos do cristianismo e durante a Inquisição da igreja católica, quandc esta decidiu punir os cristãos que protestavam contra a forma arbitrária como eran explorados pelos cardeais e bispos.

Vivendo em regalias, enquanto o povo permanecia em plena miséria. C catolicismo foi, a princípio, uma arma usada por Satanás   Para impedir ε expansão do evangelho no mundo moderno e a fixação da idolatria na igreja, umε das maiores afrontas a Deus. Por se negarem a concordar com esta doutrinε maligna, muitos cristãos foram mortos, torturados e famílias inteiras destruídas

. A seguir, o leitor conhecerá uma pequena parte da história destas pessoas que podem ser vistas como heróis da Era Cristã: Neste período muitos que se rebelaram contra o catolicismo foram mortos. Por se oporem as doutrinas de idolatria católica, porque o amor que sentiam pelo evangelho era maior que tudo:"A Inquisição foi criada na Idade Média (século XIII) e era dirigida pela Igreja Católica Romana.

Ela era composta por tribunais que julgavam todos aqueles considerados uma ameaça às doutrinas (conjunto de leis) desta instituição. Todos os suspeitos eram perseguidos e julgados, e aqueles que eram condenados, cumpriam as penas que podiam variar desde prisão temporária.

Ou perpétua até a morte na fogueira, onde os condenados eram queimados vivos em plena praça pública. Aos perseguidos, não lhes era dado o direito de saberem quem os denunciara, mas em contrapartida, estes podiam dizer os nomes de todos seus inimigos para averiguação deste tribunal medieval.Com o passar do tempo, esta forma de julgamento foi ganhando cada vez mais força e tomando conta de países europeus como: Portugal, França, Itália e Espanha. Contudo, na Inglaterra, não houve o firmamento destes tribunais.

Muitos cientistas também foram perseguidos, censurados e até condenados por defenderem ideias contrárias à doutrina cristã. Um dos casos mais conhecidos foi do astrônomo italiano Galileu Galilei. Que escapou por pouco da fogueira por afirmar que o planeta Terra girava ao redor do Sol (heliocentrismo).

A mesma sorte não teve o cientista italiano Giordano Bruno que foi julgado e condenado a morte pelo tribunal. As mulheres também sofreram nesta época e foram alvos constantes. Os inquisidores consideravam bruxaria todas as práticas que envolviam a cura através de chás ou remédios feitos de ervas ou outras substâncias.

As "bruxas medievais" que nada mais eram do que conhecedoras do poder de cura das plantas também receberam um tratamento violento e cruel. Este movimento se tornava cada vez mais poderoso, e este fato, atraía os interesses políticos. Durante o século XV, o rei e a rainha da Espanha se aproveitaram desta força para perseguirem os nobres e principalmente os judeus. No primeiro caso, eles reduziram o poder da nobreza. Já no segundo, eles se aproveitaram deste poder para torturar e matar os judeus, tomando-lhes seus bens.

" Os filhos de Deus sempre sofreram por causa do amor que sentem por ele e pelo zelo que demonstram ter por sua Palavra. Ainda no início da Era Cristã a igreja primitiva já sofria as agruras da perseguição. Vinda da parte dos inimigos da cruz de Cristo, muitos foram os espetáculos de atrocidades feitas contra os escolhidos, o escritor da carta aos Hebreus descreve em detalhes parte do sofrimento de seus irmãos. Mostrando que mesmo diante de tantas torturas não negaram a fé e preferiram perder a própria vida a ter que negar sua fidelidade ao Senhor.

Que deu a vida no Calvário para lhes resgatar do pecado (Hebreus 11:4-39) A inquisição foi apenas uma das formas terríveis usadas para causar terror na vida daqueles que se opuseram a aceitar suas doutrinas demoníacas. O papado se intitulou deus na terra e puniu com extrema violência todos quando se negaram a curvar-se diante de sua autoridade: "No século VI tornou-se o papado firmemente estabelecido.

Fixou-se a sede de seu poderio na cidade imperial e declarou-se ser o bispo de Roma a cabeça de toda a igreja. O paganismo cedera lugar ao papado. O dragão dera à besta "o seu poder, e o seu trono, e grande poderio". Apocalipse. 13:2. E começaram então os 1.260 anos da opressão papal preditos nas profecias de Daniel e Apocalipse (Daniel. 7:25; Apocalipse. 13:5-7). Os cristãos foram obrigados a optar entre renunciar sua integridade e aceitar as cerimônias e culto papais, ou passar a vida nas masmorras, sofrer a morte pelo instrumento de tortura, pela fogueira, ou pela machadinha do verdugo.

Cumpriam-se as palavras de Jesus: "E até pelos pais, e irmãos, e parentes, e amigos sereis entregues, e matarão alguns de vós. E de todos sereis odiados por causa de meu nome." Lucas. 21:16 e 17. Desencadeou-se a perseguição sobre os fiéis com maior fúria do que nunca, e o mundo se tornou um vasto campo de batalha. Durante séculos a igreja de Cristo encontrou refúgio no isolamento e obscuridade. Assim diz o profeta: "A mulher fugiu para o deserto, onde já tinha lugar preparado por Deus. Para que ali fosse alimentada durante mil e duzentos e sessenta dias." Apocalipse. 12:6.

O acesso da Igreja de Roma ao poder assinalou o início da escura Idade Média. Aumentando o seu poderio, mais se adensavam as trevas. De Cristo, o verdadeiro fundamento, transferiu-se a fé para o papa de Roma. Em vez de confiar no Filho de Deus para o perdão dos pecados e para a salvação eterna. O povo olhava para o papa e para os sacerdotes e prelados a quem delegava autoridade. Ensinava-lhe ser o papa seu mediador terrestre.

E que ninguém poderia aproximar-se de Deus senão por seu intermédio; e mais ainda, que ele ficava para eles em lugar de Deus e deveria, portanto, ser implicitamente obedecido. Esquivar-se de suas disposições era motivo suficiente para se infligir a mais severa punição ao corpo e alma dos delinquentes. Assim, a mente do povo desviava-se de Deus para homens falíveis e cruéis.

E mais ainda, para o próprio príncipe das trevas que por meio deles exercia o seu poder. O pecado se disfarçava sob o manto de santidade. Quando as Escrituras são suprimidas e o homem vem a considerar-se supremo, só podemos esperar fraudes, engano e aviltante iniquidade.

Com a elevação das leis e tradições humanas, tornou-se manifesta a corrupção que sempre resulta de se pôr de lado a lei de Deus. Dias de perigo foram aqueles para a igreja de Cristo. Os fiéis porta-estandartes eram na verdade poucos. Posto que a verdade não fosse deixada sem testemunhas, parecia, por vezes, que o erro e a superstição prevaleceriam completamente, e a verdadeira religião seria banida da Terra.

Perdeu-se de vista o evangelho sem fábulas humanas, mas multiplicaram-se as formas de religião. E o povo foi sobrecarregado de severas exigências. Ensinava-lhes não somente a considerar o papa como seu mediador, mas a confiar em suas próprias obras para expiação do pecado.

Longas peregrinações, atos de penitência, adoração de relíquias, ereção de igrejas, relicários e altares, bem como pagamento de grandes somas à igreja, tudo isto e muitos atos semelhantes eram ordenados para aplacar a ira de Deus ou assegurar o Seu favor, como se Deus fosse idêntico aos homens.

Encolerizando-se por ninharias, ou apaziguando-se com donativos ou atos de penitência! Apesar de que prevalecesse o vício, mesmo entre os chefes da Igreja de Roma. Sua influência parecia aumentar constantemente. Mais ou menos ao findar o século VIII.

Os romanistas começaram a sustentar que nas primeiras épocas da igreja os bispos de Roma tinham possuído o mesmo poder espiritual que assumiam agora. Para confirmar essa pretensão. Era preciso empregar alguns meios com o fito de lhe dar aparência de autoridade.

E isto foi prontamente sugerido pelo pai da mentira. Antigos escritos foram forjados pelos monges. Decretos de concílios de que antes nada se ouvira foram descobertos, estabelecendo a supremacia universal do papa desde os primeiros tempo. E a igreja que rejeitara a verdade, avidamente aceitou estes enganos. Os poucos fiéis que construíram sobre o verdadeiro fundamento (I Cor. 3:10 e 11)

Ficaram perplexos e entravados quando o entulho das falsas doutrinas obstruiu a obra. Como os edificadores sobre o muro de Jerusalém no tempo de Neemias, alguns se prontificaram a dizer: "Já desfaleceram as forças dos acarretadores, e o pó é muito e nós não podemos edificar o muro"(Neemias 4:10) Cansados da constante luta contra a perseguição, fraude, iniquidade...

E todos os outros obstáculos que Satanás pudera engendrar para deter-lhes o progresso, alguns que haviam sido fiéis edificadores, desanimaram. E por amor da paz e segurança de sua propriedade e vida, desviaram-se do verdadeiro fundamento. Outros, sem se intimidarem com a oposição de seus inimigos, intrepidamente declaravam:

"Não os temais: lembrai-vos do Senhor grande e terrível" (Neemias. 4:14); e prosseguiam com a obra. Cada qual com a espada cingida ao lado (Efésios. 1:17) O mesmo espírito de ódio. Oposição à verdade tem inspirado os inimigos de Deus em todos os tempos.

E a maior vigilância e fidelidade têm sido exigidas de Seus servos. As palavras de Cristo aos primeiros discípulos aplicam-se aos Seus seguidores até ao final do tempo: "E as coisas que vos digo, digo-as a todos: Vigiai." Mar. 13:37.

As trevas pareciam tornar-se mais densas. Generalizou-se a adoração das imagens. Acendiam-se velas perante imagens e orações se lhes dirigiam. Prevaleciam os costumes mais absurdos, exagerados e supersticiosos.

O espírito dos homens era a tal ponto dirigido pela superstição que a razão mesma parecia haver perdido o domínio. Enquanto os próprios sacerdotes e bispos eram amantes do prazer, sensuais e corruptos. Só se poderia esperar que o povo que os tinha como guias se submergisse na ignorância e vício. Outro passo ainda deu a presunção papal quando, no século XI, o Papa Gregório VII proclamou a perfeição da Igreja de Roma.

Entre as proposições por ele apresentadas uma havia declarando que a igreja nunca tinha errado, nem jamais erraria, segundo as Escrituras. Mas as provas escriturísticas não acompanhavam a afirmação. O altivo pontífice também pretendia o poder de depor imperadores; e declarou que sentença alguma que pronunciasse poderia ser revogada por quem quer que fosse, mas era prerrogativa sua revogar as decisões de todos os outros.

Uma flagrante ilustração do caráter tirânico do Papa Gregório VII se nos apresenta no modo por que tratou o imperador alemão Henrique IV. Por haver intentado desprezar a autoridade do papa, declarou-o este excomungado e destronado. Aterrorizado pela deserção e ameaças de seus próprios príncipes, que por mandado do papa eram incentivados na rebelião contra ele. Henrique pressentiu a necessidade de fazer as pazes com Roma. Em companhia da esposa e de um servo fiel, atravessou os Alpes em pleno inverno.

A fim de humilhar-se perante o papa. Chegando ao castelo para onde Gregório se retirara, foi conduzido, sem seus guardas, a um pátio externo, e ali, no rigoroso frio do inverno, com a cabeça descoberta Descalço e miseravelmente vestido, esperou a permissão do papa a fim de ir à sua presença.

O pontífice não se dignou de conceder-lhe perdão senão depois de haver ele permanecido três dias jejuando e fazendo confissão. Isso mesmo, apenas com a condição de que o imperador esperasse a sanção do papa antes de reassumir as insígnias ou exercer o poder da realeza. E Gregório, envaidecido com seu triunfo, jactava-se de que era seu dever abater o orgulho dos reis.

Quão notável é o contraste entre o orgulho deste altivo pontífice e a mansidão e a suavidade de Cristo, que representa a Si mesmo à porta do coração a rogar que seja ali admitido. AYV fim de poder entrar para levar perdão e paz, e que ensinou a Seus discípulos: "Qualquer que entre vós quiser ser o primeiro seja vosso servo." Mat. 20:27. Os séculos que se seguiram testemunharam aumento constante de erros nas doutrinas emanadas de Roma.

Mesmo antes do estabelecimento do papado, os ensinos dos filósofos pagãos haviam recebido atenção e exercido influência na igreja. Muitos que se diziam conversos ainda se apegavam aos dogmas de sua filosofia pagã. E, não somente continuaram no estudo desta, mas encareciam-no a outros como meio de estenderem sua influência entre os pagãos. Erros graves foram assim introduzidos na fé cristã. Destaca-se entre outros o da crença na imortalidade natural do homem e sua consciência na morte.

Esta doutrina lançou o fundamento sobre o qual Roma estabeleceu a invocação dos santos e a adoração da Virgem Maria. Disto também proveio a heresia do tormento eterno para os que morrem impenitentes. A qual logo de início se incorporara a fé papal. Achava-se então preparado o caminho para a introdução de ainda outra invenção do paganismo.

A que Roma intitulou purgatório e empregou para amedrontar as multidões crédulas e supersticiosas. Com esta heresia afirma-se a existência de um lugar de tormento, no qual as almas dos que não mereceram condenação eterna devem sofrer castigo por seus pecados.

Do qual, quando libertas da impureza, são admitidas no Céu. Ainda uma outra invencionice era necessária para habilitar. Roma a aproveitar-se dos temores e vícios de seus adeptos. Esta foi suprida pela doutrina das indulgências. Completa remissão dos pecados, passados, presentes e futuros, e livramento de todas as dores e penas em que os pecados importam. Eram prometidos a todos os que se alistassem nas guerras do pontífice para estender seu domínio temporal, castigar seus inimigos e exterminar os que ousassem negar-lhe a supremacia espiritual.

Ensinava-se também ao povo que, pelo pagamento de dinheiro à igreja, poderia livrar-se do pecado e igualmente libertar as almas de seus amigos falecidos que estivessem condenados às chamas atormentadoras. Por esses meios Roma abarrotou os cofres e sustentou a magnificência, o luxo e os vícios dos pretensos representantes daquele que não tinha onde reclinar a cabeça. No século XIII foi estabelecido a mais terrível de todas as armadilhas do papado.

A inquisição. O príncipe das trevas trabalhava com os dirigentes da hierarquia papal. Em seus concílios secretos, Satanás e seus anjos dirigiam a mente de homens maus, enquanto, invisível entre eles, estava um anjo de Deus, fazendo o tremendo relatório de seus iníquos decretos

E escrevendo a história de ações por demais horrorosas para serem desvendadas ao olhar humano. "A grande Babilônia" estava "embriagada do sangue dos santos." Os corpos mutilados de milhões de mártires pediam vingança a Deus contra o poder apóstata. O papado se tornou o déspota do mundo. Reis e imperadores curvavam-se aos decretos do pontífice romano. O destino dos homens, tanto temporal como eterno, parecia estar sob seu domínio. Durante séculos as doutrinas de Roma tinham sido implicitamente recebidas, seus ritos reverentemente praticados.

Suas festas geralmente observadas. Seu clero era honrado e liberalmente mantido. Nunca a Igreja de Roma atingiu maior dignidade, magnificência ou poder. Mas "o meio-dia do papado foi a meia-noite do mundo".(História do Protestantismo, de Wylie) As Sagradas Escrituras eram quase desconhecidas, não somente pelo povo mas pelos sacerdotes. Como os fariseus de outrora, os dirigentes papais odiavam a luz que revelaria os seus pecados.

Removida a lei de Deus - a norma de justiça - exerciam eles poder sem limites e praticavam os vícios sem restrições. Prevaleciam a fraude, a avareza, a libertinagem. Os homens não recuavam de crime algum pelo qual pudessem adquirir riqueza ou posição. Os palácios dos papas e prelados eram cenários da mais vil devassidão.

Alguns dos pontífices reinantes eram acusados de crimes tão revoltantes que os governadores seculares se esforçavam por depor esses dignitários da igreja como monstros demasiado vis para serem tolerados. Durante séculos a Europa não fez progresso no saber, nas artes ou na civilização. Uma paralisia moral e intelectual caíra sobre a cristandade.

A condição do mundo sob o poder romano apresentava o cumprimento surpreendente das palavras do profeta Oséias: "O Meu povo foi destruído, porque lhe faltou o conhecimento. Porque tu rejeitaste o conhecimento, também eu te rejeitarei ...

Visto que te esqueceste da lei do teu Deus, também Eu Me esquecerei de teus filhos." (Oséias. 4:6) "Não há verdade, nem benignidade, nem conhecimento de Deus na Terra. Só prevalecem o perjurar, e o mentir, e o matar, e o furtar, e o adulterar, e há homicídios sobre homicídios."(Oséias 4:1-2).

Foram estes os resultados do banimento da Palavra de Deus." Mas, mesmo com toda a opressão papal sobre os filhos de Deus, estes não se curvavam a suas vontades. Destacando-se como maior exemplo os Valdenses, cristãos valentes e tenazes, que se negaram permanentemente a aceitar as doutrinas católicas que contradiziam as sagradas Escrituras e os ensinamentos deixados por Jesus nos evangelhos.

"Mas dentre os que resistiram ao cerco cada vez mais apertado do poder papal, os valdenses ocuparam posição preeminente. A falsidade e corrupção papal encontraram a mais decidida resistência na própria terra em que o papa fixara a sede. Durante séculos as igrejas do Piemonte mantiveram-se independentes; mas afinal chegou o tempo em que

Roma insistiu em submetê-las. Depois de lutas inúteis contra a tirania, os dirigentes destas igrejas reconheceram relutantemente a supremacia do poder a que o mundo todo parecia render homenagem. Alguns houve, entretanto, que se recusaram a ceder à autoridade do papa ou do prelado. Estavam decididos a manter sua fidelidade a Deus, e preservar a pureza e simplicidade de fé.

Houve separação pela diferença de opiniões. Os que se apegaram à antiga fé, retiraram-se; alguns, abandonando os Alpes nativos, alçaram a bandeira da verdade em terras estrangeiras; outros se retraíram para os vales afastados e fortalezas das montanhas, e ali preservaram a liberdade de culto a Deus. A fé que durante muitos séculos fora mantida e ensinada pelos cristãos valdenses, estava em assinalado contraste com as novas e falsas doutrinas que Roma apresentava. Sua crença religiosa baseava-se na Palavra escrita de Deus, o verdadeiro documento religioso do cristianismo.

Mas aqueles humildes camponeses, em seu obscuro retiro, excluídos do mundo e presos à labuta diária entre seus rebanhos e vinhedos. Não haviam por si sós chegado à verdade em oposição aos dogmas e heresias da igreja apóstata. A fé que professavam não era nova. A crença religiosa que tinham era a herança de seus pais.

Lutavam pela fé da igreja apostólica - a "fé que uma vez foi dada aos santos"(Judas 3) "A igreja no deserto" e não a orgulhosa hierarquia entronizada na grande capital do mundo, era a verdadeira igreja de Cristo. A depositária dos tesouros da verdade que Deus confiara a Seu povo para ser dada ao mundo. Entre as principais causas que levaram a igreja verdadeira a separar-se da de Roma.

123

Conforme fora predito pela profecia, o poder papal lançou a verdade por terra. A lei de Deus foi lançada ao pó, enquanto se exaltavam as tradições e costumes dos homens. As igrejas que estavam sob o governo do papado. Foram logo compelidas a honrar o domingo como dia santo. No meio do erro e superstição que prevaleciam, muitos, mesmo dentre o verdadeiro povo de Deus.

Ficaram tão desorientados que ao mesmo tempo em que observavam o sábado. Abstinham-se do trabalho também no domingo. Isto não satisfazia aos chefes papais. Exigiam não somente que fosse santificado o domingo, mas que o sábado fosse profanado; e com a mais violenta linguagem denunciavam os que ousavam honrá-lo. Era unicamente fugindo ao poder de Roma que alguém poderia em paz obedecer à lei de Deus.

Os valdenses foram os primeiros dentre os povos da Europa a obter a tradução das Sagradas Escrituras. Centenas de anos antes da Reforma, possuíam a Bíblia em manuscrito, na língua materna. Tinham a verdade incontaminada, e isto os tornava objeto especial do ódio e perseguição. Declaravam ser a Igreja de Roma a Babilônia apóstata do Apocalipse, e com perigo de vida erguiam-se para resistir a suas corrupções. Opressos pela prolongada perseguição, alguns comprometeram sua fé.

Cedendo pouco a pouco em seus princípios distintivos, enquanto outros sustentavam firme a verdade. Durante séculos de trevas e apostasia, houve alguns dentre os valdenses que negavam a supremacia de Roma. Rejeitavam o culto às imagens como idolatria e guardavam o verdadeiro sábado. Sob as mais atrozes tempestades da oposição conservaram a fé.

Perseguidos embora pela espada dos saboianos (França) e queimados pela fogueira romana, mantiveram-se sem hesitação ao lado da Palavra de Deus e de Sua honra. Por trás dos elevados baluartes das montanhas - em todos os tempos refúgio dos perseguidos e oprimidos - os valdenses encontraram esconderijo. Ali, conservou-se a luz da verdade. A arder por entre as trevas da Idade Média.

Ali, durante mil anos, testemunhas da verdade mantiveram a antiga fé. Deus providenciara para Seu povo um santuário de majestosa grandeza. De acordo com as extraordinárias verdades confiadas à sua guarda. Para os fiéis exilados, eram as montanhas um emblema da imutável justiça de Jeová.

Apontavam eles a seus filhos as alturas sobranceiras, em sua imutável majestade, e falavam-lhes daquele em quem não há mudança nem sombra de variação. Cuja Palavra é tão perdurável como os montes eternos. Deus estabelecera firmemente as montanhas e as cingira de fortaleza; braço algum, a não ser o do Poder infinito, poderia movê-las do lugar.

De igual maneira estabelecera Ele a Sua lei - fundamento de Seu governo no Céu e na Terra. O braço do homem poderia atingir a seus semelhantes e lhes destruir a vida; mas esse braço seria tão impotente para desarraigar as montanhas de seu fundamento.

E precipitá-las no mar, como para mudar um preceito da lei de Jeová ou anular qualquer de Suas promessas aos que Lhe fazem a vontade. Na fidelidade para com a Sua lei, os servos de Deus deviam ser tão firmes como os outeiros imutáveis. As montanhas que cingiam os fundos vales eram testemunhas constantes do poder criador de Deus e afirmação sempre infalível de Seu cuidado protetor.

Esses peregrinos aprenderam a amar os símbolos silenciosos da presença de Jeová. Não condescendiam com murmurações por causa das agruras da sorte nunca se sentiam abandonados na solidão das montanhas. Agradeciam a Deus por haver-lhes provido refúgio da ira e crueldade dos homens. Regozijavam-se diante dele na liberdade de prestar culto.

Muitas vezes, quando perseguidos pelos inimigos, a fortaleza das montanhas se provara ser defesa segura. De muitos rochedos elevados entoavam eles louvores a Deus e os exércitos de Roma não podiam fazer silenciar seus cânticos de ações de graças. Pura, singela e fervorosa era a piedade desses seguidores de Cristo. Os princípios da verdade, avaliavam-nos eles acima de casas e terras, amigos, parentes e mesmo da própria vida.

Semelhantes princípios ardorosamente procuravam eles gravar no coração dos jovens. Desde a mais tenra infância os jovens eram instruídos nas Escrituras, e lhes ensinava a considerar santos os requisitos da lei de Deus. Sendo raros os exemplares das Escrituras Sagradas.

Eram suas preciosas palavras confiadas à memória. Muitos eram capazes de repetir longas porções tanto do Antigo como do Novo Testamento. Os pensamentos de Deus associavam-se ao sublime cenário da Natureza e às humildes bênçãos da vida diária. Criancinhas aprendiam a olhar com gratidão a Deus como o Doador de toda mercê e conforto. Os pais, ternos e afetuosos como eram, tão sabiamente amavam os filhos que não permitiam que se habituassem à condescendência própria. Esboçava-se diante deles uma vida de provações e agruras, talvez a morte de mártir.

Eram ensinados desde a infância a suportar rudezas, a sujeitar-se ao domínio, e, contudo, a pensar e agir por si mesmos. Ainda muito cedo os jovens eram todos logo ensinados a encarar responsabilidades, a serem precavidos no falar e a compreenderem a sabedoria do silêncio. Uma palavra indiscreta que deixassem cair no ouvido dos inimigos, poderia pôr em perigo não somente a vida do que falava, mas a de centenas de seus irmãos.

Pois, semelhantes a lobos à caça da pres. Os inimigos da verdade perseguiam os que ousavam reclamar liberdade para a fé religiosa. Os valdenses haviam sacrificado a prosperidade temporal e momentânea por amor à verdade, e com paciência perseverante labutavam para ganhar o pão.

Cada recanto de terra cultivável entre as montanhas era cuidadosamente aproveitado; fazia-se com que os vales e todas as encostas menos férteis das colinas também produzissem. A economia e a severa renúncia de si próprio formavam parte da educação que os filhos recebiam. Como seu único legado. Ensinava-lhes que Deus determinara fosse a vida uma disciplina.

E que suas necessidades poderiam ser supridas apenas mediante o trabalho pessoal, previdência, cuidado e fé. O processo era laborioso e fatigante, mas salutar, precisamente o de que o homem necessita em seu estado decaído - escola que Deus proveu para o seu ensino e desenvolvimento. Enquanto os jovens se habituavam ao trabalho e asperezas, a cultura do intelecto não era negligenciada. Ensinava-lhes que todas as suas capacidades pertenciam a Deus, e que deveriam todas ser aperfeiçoadas e desenvolvidas para o Seu serviço. As igrejas valdenses, em sua pureza e simplicidade, assemelhavam-se à igreja dos tempos apostólicos.

Rejeitando a supremacia do papa e prelados, mantinham a Escritura Sagrada como a única autoridade suprema, infalível. Seus pastores, diferentes dos altivos sacerdotes de Roma, seguiam o exemplo de seu Mestre que "veio não para ser servido, mas para servir".

Alimentavam o rebanho de Deus, guiando-os às verdes pastagens e fontes vivas de Sua santa Palavra. Longe dos monumentos da pompa e orgulho humano, o povo congregava-se. Não em igrejas suntuosas ou grandes catedrais, mas à sombra das montanhas nos vales alpinos, ou, em tempo de perigo, em alguma fortaleza rochosa. A fim de escutar as palavras da verdade proferidas pelos servos de Cristo. Os pastores não somente pregavam o evangelho, mas visitavam os doentes, doutrinavam as crianças.

Admoestavam aos que erravam e trabalhavam para resolver as questões e promover harmonia e amor fraternal. Em tempos de paz eram sustentados por ofertas voluntárias do povo. Mas, como Paulo, o fabricante de tendas, cada qual aprendia um ofício ou profissão, mediante a qual, sendo necessário, proveria o sustento próprio.

De seus pastores recebiam instrução, conquanto se desse a atenção aos ramos dos conhecimentos gerais. Fazia-se da Escritura Sagrada o estudo principal. Os evangelhos de Mateus e João eram confiados à memória, juntamente com muitas das epístolas. Também se ocupavam em copiar as Escrituras. Alguns manuscritos continham a Bíblia toda, outros apenas breves porções, a que algumas simples explicações do texto eram acrescentadas por aqueles que eram capazes de comentar as Escrituras.

Assim se apresentavam os tesouros da verdade durante tanto tempo ocultos pelos que procuravam exaltar-se acima de Deus. Mediante pacientes e incansáveis labores, por vezes nas profundas e escuras cavernas da Terra, à luz de archotes, eram copiadas as Escrituras Sagradas, versículo por versículo, capítulo por capítulo. Assim a obra prosseguia, resplandecendo, qual ouro puro.

A vontade revelada de Deus. E quanto mais brilhante, clara e poderosa era por causa das provações que passavam por seu amor, apenas o poderiam compreender os que se achavam empenhados em obra semelhante. Anjos celestiais circundavam os fiéis obreiros. Satanás incitara sacerdotes e prelados a enterrarem a Palavra da verdade.

Sob a escória do erro, heresia e superstição; mas de modo maravilhosíssimo foi ela conservada incontaminada através de todos os séculos de trevas. Não trazia o cunho do homem, mas a impressão divina. Os homens se têm demonstrado incansáveis em seus esforços para obscurecer o claro e simples sentido das Escrituras Sagradas.

E fazê-las contradizerem seu próprio testemunho; no entanto, semelhante à arca sobre as profundas águas encapeladas. A Palavra de Deus leva de vencida as borrascas que a ameaçam de destruição. Assim como tem a mina ricos veios de ouro e prata ocultos por sob a superfície.

De maneira que todos os que desejam descobrir os preciosos depósitos devem cavar, assim as Sagradas Escrituras têm tesouros de verdade que são revelados unicamente ao ardoroso, humilde e devoto pesquisador. Deus destinara a Bíblia a ser um compêndio para toda a humanidade, na infância.

Juventude e idade madura, devendo ser estudada através de todos os tempos. Deu Sua Palavra aos homens como revelação de Si mesmo. Cada nova verdade que se divisa é uma nova revelação do caráter de seu Autor. O estudo das Escrituras é o meio divinamente ordenado para levar o homem a mais íntima comunhão com seu Criador e dar-lhe mais claro conhecimento de Sua vontade. É o meio de comunicação entre Deus e o homem.

Conquanto os valdenses considerassem o temor do Senhor como o princípio da sabedoria. Não eram cegos no tocante à importância do contato com o mundo, do conhecimento dos homens e da vida ativa, para expandir o espírito e avivar as percepções. De suas escolas nas montanhas alguns dos jovens foram enviados a instituições de ensino nas cidades da França ou Itália, onde havia campo mais vasto para o estudo, pensamento e observação, do que nos Alpes nativos.

Os jovens assim enviados estavam expostos à tentação, testemunhavam o vício, defrontavam-se com os astuciosos agentes de Satanás, que lhes queriam impor as mais sutis heresias e os mais perigosos enganos. Mas sua educação desde a meninice fora de molde a prepará-los para tudo isto. Nas escolas aonde iam, não deveriam fazer confidentes a quem quer que fosse. Suas vestes eram preparadas de maneira a ocultar seu máximo tesouro.

Os preciosos manuscritos das Escrituras. A estes, fruto de meses e anos de labuta, levavam consigo e, sempre que o podiam fazer sem despertar suspeita. Cautelosamente punham uma porção ao alcance daqueles cujos corações parecia aberto para receber a verdade. Desde os joelhos da mãe a juventude valdense havia sido educada com este propósito em vista; compreendiam o trabalho, e fielmente o executavam.

Ganhavam-se novos conversos à verdadeira fé nessas instituições de ensino, e quase que frequentemente se encontravam seus princípios a penetrar a escola toda; contudo os chefes papais não podiam pelo mais minucioso inquérito descobrir a fonte da chamada heresia corruptora. O espírito de Cristo é espírito missionário. O primeiro impulso do coração regenerado é levar outros também ao Salvador.

Tal foi o espírito dos cristãos valdenses. Compreendiam que Deus exigia mais deles do que simplesmente preservar a verdade em sua pureza. Nas suas próprias igrejas; e que sobre eles repousava a solene responsabilidade de deixarem sua luz resplandecer aos que se achavam em trevas. Pelo forte poder da Palavra de Deus procuravam romper o cativeiro que Roma havia imposto. Os ministros valdenses eram educados como missionários.

Exigindo-se primeiramente de cada um que tivesse a expectativa de entrar para o ministério, aquisição de experiência como evangelista. Cada um deveria servir três anos em algum campo missionário antes de assumir o encargo de uma igreja em seu país. Este serviço, exigindo logo de começo renúncia e sacrifício, era introdução apropriada à vida pastoral naqueles tempos que punham à prova a alma.

Os jovens que recebiam a ordenação para o sagrado mister. Viam diante de si, não a perspectiva de riquezas e glória terrestre, mas uma vida de trabalhos e perigo, e possivelmente o destino de mártir. Os missionários iam de dois em dois, como Jesus enviara Seus discípulos. Cada jovem tinha usualmente por companhia um homem de idade e experiência, achando-se aquele sob a orientação do companheiro.

Que ficava responsável por seu ensino, e a cuja instrução se esperava que seguisse. Estes cobreiros não estavam sempre juntos, mas muitas vezes reuniam se para orar em grupos e aconselhar-se, fortalecendo-se assim mutuamente na fé Tornar conhecido o objetivo de sua missão seria assegurar a derrota; ocultavam portanto, cautelosamente seu verdadeiro caráter.

Cada ministro possuía conhecimento de algum ofício ou profissão. E os missionários prosseguiam na obra sob a aparência de vocação secular. Usualmente escolhiam a de mercador ou vendedor ambulante. "Levavam sedas, joias e outros artigos, que naquele tempo não se compravam facilmente, a não ser em mercados distantes; e eram bem recebidos como negociantes onde teriam sido repelidos como missionários." - Wylie. Em todo o tempo seu coração se levantava a Deus rogando sabedoria a fim de apresentar um tesouro mais precioso do que o ouro.

Levavam secretamente consigo exemplares da Escritura Sagrada, no todo ou em parte; quando quer que se apresentasse oportunidade, chamavam a atenção dos fregueses para os manuscritos. Muitas vezes assim se despertava o interesse de ler a Palavra de Deus. E alguma porção era de bom grado deixada com os que a desejavam receber.

A obra destes missionários começava nas planícies e vales ao pé de suas próprias montanhas. mas estendia-se muito além destes limites. Descalços e com vestes singelas e poentas da jornada como eram as de seu Mestre, passavam por grandes cidades e penetravam em longínquas terras. Por toda parte espalhavam a preciosa verdade. Surgiam igrejas em seu caminho. E o sangue dos mártires testemunhava da verdade.

O dia de Deus revelará rica colheita de almas enceleiradas pelos labores destes homens fiéis. Velada e silenciosa, a Palavra de Deus rompia caminho através da cristandade e tinha alegre acolhida nos lares e corações. Para os valdenses não eram as Escrituras simplesmente o registro do trato de Deus para com os homens no passado e a revelação das responsabilidades e deveres do presente.

Mas o desvendar dos perigos e glórias do futuro. Acreditavam que o fim de todas as coisas não estava muito distante; e, estudando a Bíblia com oração e lágrimas. Mais profundamente se impressionavam com suas preciosas declarações e com o dever de tornar conhecidas a outros as suas verdades salvadoras. Viam o plano da salvação claramente revelado nas páginas sagradas e encontravam conforto. Esperança e paz crendo em Jesus.

Ao lhes iluminar a luz o entendimento e ao lhes alegrar ela o coração, anelavam derramar seus raios sobre os que se achavam nas trevas do erro papal. Viam que sob a direção do papa e sacerdotes, multidões em vão se esforçavam por obter perdão afligindo o corpo por causa do pecado da alma. Ensinados a confiar nas boas obras para se salvarem, estavam sempre a olhar para si mesmos.

Ocupando a mente com a sua condição pecaminosa, vendo-se expostos à ira de Deus, afligindo alma e corpo, não achando, contudo, alívio. Almas conscienciosas eram, assim, enredadas pelas doutrinas de Roma. Milhares abandonavam amigos e parentes, passando a vida nas celas dos conventos. Por meio de frequentes jejuns e cruéis açoitamentos. Por vigílias à meia-noite, prostrando-se durante horas cansativas sobre as lajes frias e úmidas de sua sombria habitação. Por longas peregrinações, penitências humilhantes e terrível tortura.

Milhares procuravam inutilmente obter paz de consciência. Oprimidos por uma intuição de pecado e perseguidos pelo temor da ira vingadora de Deus. Muitos continuavam a sofrer até que a natureza exausta se rendia e, sem um resquício de luz ou esperança, baixavam à sepultura. Os valdenses ansiavam por partir a estas almas famintas o pão da vida.

Revelar-lhes as mensagens de paz das promessas de Deus. A apontar-lhes a Cristo como a única esperança de salvação. Tinham por falsa a doutrina de que as boas obras podem expiar a transgressão da lei de Deus. A confiança nos méritos humanos faz perder de vista o amor infinito de Cristo. Jesus morreu como sacrifício pelo homem porque a raça caída nada pode fazer para se recomendar a Deus.

Os méritos de um Salvador crucificado e ressurgido são o fundamento da fé cristã. A dependência da alma para com Cristo é tão real, e sua união com Ele deve ser tão íntima como a do membro para com o corpo, ou da vara para com a videira. Os ensinos dos papas e sacerdotes haviam levado os homens a considerar o caráter de Deus, e mesmo o de Cristo, como severo, sombrio e repelente. Representava-se o Salvador tão destituído de simpatia para com o homem em seu estado decaído. Que devia ser invocada a mediação de sacerdotes e santos.

Aqueles cuja mente fora iluminada pela Palavra de Deus, anelavam guiar estas almas a Jesus, como seu compassivo e amante Salvador. Que permanece de braços estendidos a convidar todos a irem a Ele com seu fardo de pecados, seus cuidados e fadigas. Almejavam remover os obstáculos que Satanás havia acumulado para que os homens não pudessem ver as promessas. E ir diretamente a De us. Confessando os pecados e obtendo perdão e paz.

Ardorosamente desvendava o missionário valdense as preciosas verdades do evangelho ao espírito inquiridor. Citava com precaução as porções cuidadosamente copiadas da Sagrada Escritura. Era a sua máxima alegria infundir esperança à alma conscienciosa, ferida pelo pecado. E que tão-somente podia ver um Deus de vingança. Esperando para executar justiça. Com lábios trêmulos e olhos lacrimosos, muitas vezes com os joelhos curvados, expunha a seus irmãos as preciosas promessas que revelam a única esperança do pecador.

Assim a luz da verdade penetrava muitas almas obscurecidas, fazendo recuar a nuvem sombria até que o Sol da Justiça resplandecesse no coração, trazendo saúde em seus raios. Dava-se amiúde o caso de alguma porção das Escrituras ser lida várias vezes, desejando o ouvinte que fosse repetida, como se quisesse assegurar-se de que tinha ouvido bem. Em especial se desejava, de maneira ávida, a repetição destas palavras:

"O sangue de Jesus Cristo, Seu Filho, nos purifica de todo o pecado." (I João 1:7). "Como Moisés levantou a serpente no deserto, assim importa que o Filho do homem seja levantado. Para que todo aquele que nele crê não pereça, mas tenha a vida eterna." (João 3:14 e 15). Muitos não se iludiam em relação às pretensões de Roma. Viam quão vã é a mediação de homens ou anjos em favor do pecador. Raiando-lhes na mente a verdadeira luz, exclamavam com regozijo: "Cristo é meu Sacerdote.

Seu sangue é meu sacrifício; Seu altar é meu confessionário." Confiavam-se inteiramente aos méritos de Jesus, repetindo as palavras: "Sem fé é impossível agradar-lhe."(Hebreus. 11:6). "Nenhum outro nome há entre os homens, pelo qual devamos ser salvos." (Atos 4:12)

A certeza do amor de um Salvador parecia, a algumas destas pobres almas agitadas pela tempestade, coisa por demais vasta para ser abrangida. Tão grande era o alívio que sentiam, tal a inundação de luz que lhes sobrevinha, que pareciam transportadas ao Céu. Punham confiantemente suas mãos na de Cristo; firmavam os pés sobre a Rocha dos séculos. Bania-se todo o temor da morte. Podiam agora ambicionar a prisão e a fogueira se desse modo honrassem o nome de seu Redentor. Em lugares ocultos era a Palavra de Deus apresentada e lida, algumas vezes a uma única alma, outras.

A um pequeno grupo que anelava a luz e a verdade. Amiúde a noite toda era passada desta maneira. Tão grande era o assombro e admiração dos ouvintes que o devido mensageiro da misericórdia frequentemente se via obrigado a cessar a leitura até que o entendimento pudesse apreender as boas novas da salvação. Era comum proferirem-se palavras como estas: "Aceitará Deus em verdade a minha oferta? Olhar-me-á benignamente? Perdoar-me-á Ele? "Lia-se a resposta:

"Vinde a Mim, todos os que estais cansados e oprimidos, e Eu vos aliviarei." (Mateus. 11:28) A fé se apegava à promessa, ouvia-se a alegre resposta: "Nada mais de longas peregrinações; nada de penosas jornadas aos relicários sagrados. Posso ir a Jesus tal como estou, pecador e ímpio, e Ele não desprezará a oração de arrependimento. "Perdoados te são os teus pecados."

Os meus pecados, efetivamente os meus, podem ser perdoados!" Enchia o coração uma onda de sagrada alegria, e o nome de Jesus era engrandecido em louvores e ações de graças. Estas almas felizes voltavam para casa a fim de difundir a luz, repetir a outros, tão bem quanto podiam, a nova experiência, de que acharam o Caminho verdadeiro e vivo.

Havia um estranho e solene poder nas palavras das Escrituras, que falava diretamente ao coração dos que se achavam anelantes pela verdade. Era a voz de Deus e levava a convicção aos que ouviam. O mensageiro da verdade continuava o seu caminho; mas seu aspecto de humildade, sua sinceridade, ardor e profundo fervor, eram assuntos de observação frequente. Em muitos casos os ouvintes não lhe perguntavam donde viera ou para onde ia. Ficavam tão dominados, a princípio pela surpresa e depois pela gratidão e alegria, que não pensavam em interrogá-lo.

Quando insistiam com ele para os acompanhar a suas casas, respondia-lhes que devia visitar as ovelhas perdidas do rebanho. Não seria ele um anjo do Céu? – indagavam. Em muitos casos não mais se via o mensageiro da verdade. Seguira para outros países, ou a vida se lhe consumia em algum calabouço desconhecido, ou talvez seus ossos estivessem alvejando no local em que testificara da verdade.

Mas as palavras que deixara após si, não poderiam ser destruídas. Estavam a fazer sua obra no coração dos homens; os benditos resultados só no dia do juízo se revelarão de fato e plenamente. Os missionários valdenses estavam invadindo o reino de Satanás, e os poderes das trevas despertaram para maior vigilância. Todo esforço para avanço da verdade era observado pelo príncipe do mal, e ele excitava os temores de seus agentes.

Os chefes papais viram grande perigo para a sua causa no trabalho destes humildes itinerantes. Se fosse permitido à luz da verdade resplandecer sem impedimento, varreria as pesadas nuvens de erro que envolviam o povo; haveria de dirigir o espírito dos homens a Deus unicamente, talvez destruindo, afinal, a supremacia de Roma. A própria existência deste povo. Mantendo a fé da antiga igreja, era testemunho constante da apostasia de Roma.

E, portanto, excitava o ódio e perseguição mais atrozes.Sua recusa de renunciar às Escrituras era também ofensa que Roma não podia tolerar. Decidiu-se ela a exterminá-los da Terra. Começaram então as mais terríveis cruzadas contra o povo de Deus em seus lares montesinos. Puseram-se inquisidores em suas pegadas, e a cena do inocente Abel tombando ante o assassino Caim repetia-se frequentemente.

Reiteradas vezes foram devastadas as suas férteis terras, destruídas as habitações e capelas, de maneira que onde houvera campos florescentes e lares de um povo simples e laborioso, restava apenas um deserto. Assim como o animal de rapina se torna mais feroz provando sangue, a ira dos sectários do papa acendia-se com maior intensidade com o sofrimento de suas vítimas.

Muitas destas testemunhas da fé pura foram perseguidas através das montanhas e caçadas nos vales em que se achavam escondidas, encerradas por enormes florestas e cumes rochosos. Nenhuma acusação se poderia fazer contra o caráter moral da classe proscrita. Mesmo seus inimigos declaravam serem eles um povo pacífico, sossegado e piedoso. Seu grande crime era não quererem adorar a Deus segundo a vontade do papa.

Por tal crime, toda humilhação, insulto e tortura que os homens podiam inventar, amontoaram-se sobre eles. Determinando-se Roma a exterminar a odiada seita, uma bula foi promulgada pelo papa, condenando-os como hereges e entregando-os ao morticínio. Não eram acusados como ociosos, desonestos ou desordeiros; mas declarava-se que tinham uma aparência de piedade. E santidade que seduzia "as ovelhas do verdadeiro aprisco". Portanto ordenava o papa que "aquela maligna e abominável seita de perversos", caso se recusasse a renunciar, "fosse esmagada como serpentes venenosas". - Wylie. –

138

Esperava o altivo potentado ter de responder por estas palavras? Sabia que estavam registradas nos livros do Céu, para lhe serem apresentadas no juízo?" Quando o fizestes a um destes Meus pequeninos irmãos", disse Jesus, "a Mim o fizestes." (Mateus. 25:40) Essa bula convocava a todos os membros da igreja para se unirem à cruzada contra os hereges. Como incentivo para se empenharem na obra cruel, "absolvia de todas as penas e castigos eclesiásticos, tanto gerais como particulares; desobrigava a todos os que se unissem à cruzada, de qualquer juramento que pudessem ter feito.

Legitimava- lhes o direito a qualquer propriedade que pudessem ter ilegalmente adquirido; e prometia remissão de todos os pecados aos que matassem algum herege. Anulava todos os contratos feitos em favor dos valdenses, ordenava que seus criados os abandonassem, proibia a toda pessoa dar-lhes qualquer auxílio que fosse e a todos permitia tomar posse de sua propriedade". - Wylie. Este documento revela claramente o espírito que o ditou.

É o bramido do dragão, e não a voz de Cristo, que nele se ouve. Os dirigentes papais não queriam conformar seu caráter com a grande norma da lei de Deus, mas erigiram uma norma que lhes fosse conveniente, e decidiram obrigar todos a se conformarem com a mesma porque Roma assim o desejava. As mais horríveis tragédias foram encenadas. Sacerdotes e papas corruptos e blasfemos estavam a fazer a obra que Satanás lhes designava.

A misericórdia não encontrava guarida em sua natureza. O mesmo espírito que crucificou Cristo e matou os apóstolos, o mesmo que impulsionou o sanguinário Nero contra os fiéis de seu tempo, estava em operação a fim de exterminar da Terra os que eram amados de Deus.

As perseguições desencadeadas durante muitos séculos sobre este povo temente a Deus, foram por ele suportadas com uma paciência. E constância que honravam seu Redentor. Apesar das cruzadas contra eles e da desumana carnificina a que foram sujeitos, continuavam a mandar seus missionários a espalhar a preciosa verdade.

Eram perseguidos até à morte; contudo, seu sangue regava a semente lançada e esta não deixou de produzir fruto. Assim os valdenses testemunharam de Deus séculos antes do nascimento de Lutero. Dispersos em muitos países, plantaram a semente da Reforma.

Que se iniciou no tempo de Wycliffe, cresceu larga e profundamente nos dias de Lutero, e deve ser levada avante até ao final do tempo por aqueles que também estão dispostos a sofrer todas as coisas pela "Palavra de Deus, e pelo testemunho de Cristo" (Apocalipse. 1:9) Esta situação desencadeou, tempos mais tarde, a Reforma Protestante, liderada pelos reformadores inconformados com o papado.

Que não concordavam com a forma extravagante como o catolicismo conduzia o cristianismo, enchendo as pessoas de falsas superstições, impedindo-as de ler e conhecer as Escrituras, substituindo o evangelho de Cristo por ladainhas e sermões sem nenhum sentido. Forçando todos a viverem numa imensa escuridão espiritual, alheios as verdades de Deus.

Incapazes de alcançarem a salvação. Por não serem conhecedores do sacrifício feito por Jesus na cruz. Neste período, onde centenas de filhos de Deus foram torturados e mortos, o plano de Satanás para enfraquecer o sonho de liberdade presente no coração e na alma dos desbravadores do evangelho, numa época onde falar das verdades de Deus era crime.

E isto resultava em severas punições sobre quem o fazia e sobejava graves consequências de morte a seus familiares. Brilhou mais intensamente a luz do poder de Cristo. Em cada vida ceifada, em cada cristão torturado e morto, nas gotas de sangue deles tirados a espada, nas chicotadas que recebiam, o nome de Deus era glorificado e deles surgiam novos combatentes pela nova fé e a Reforma crescia.

Confundindo seus inimigos que não entendiam a multiplicação da semente plantada em boa terra. De Wycliffe até Martinho Lutero, a Reforma foi feita de forma sangrenta e sofrida, porém permitiu que, através da morte de tantos irmãos nossos na fé. Para que pudéssemos hoje ter acesso a esta verdade divina que nos salva e permite nossa aproximação de nosso Criador. "Antes da Reforma, houve por vezes pouquíssimos exemplares da Escritura Sagrada. Mas Deus não consentira que a sua Palavra fosse totalmente destruída. Suas verdades não deveriam estar ocultas para sempre.

Tão facilmente poderia Ele desacorrentar as palavras da vida como abrir portas de prisões. Desaferrolhar portais de ferro para pôr em liberdade a Seus servos. Nos vários países da Europa homens eram movidos pelo Espírito de Deus a buscar a verdade como a tesouros escondidos. Providencialmente guiados às Santas Escrituras, estudavam as páginas sagradas com interesse profundo. Estavam dispostos a aceitar a luz, a qualquer custo.

Posto que não vissem todas as coisas claramente, puderam divisar muitas verdades havia muito tempo sepultadas. Como mensageiros enviados pelo Céu, saíam, rompendo as cadeias do erro e superstição. E chamando aos que haviam estado durante tanto tempo escravizados.

A levantar-se e assegurar a liberdade. Com exceção do que se passava entre os valdenses, a Palavra de Deus estivera durante séculos encerrada em línguas apenas conhecidas pelos eruditos; chegara. Porém, o tempo para que as Escrituras fossem traduzidas. Depois entregues ao povo dos vários países em sua língua materna. Passara para o mundo a meia-noite.

As horas de trevas estavam a esvair-se, e em muitas terras apareciam indícios da aurora a despontar. No século XIV surgiu na Inglaterra um homem que devia ser considerado "a estrela da manhã da Reforma". João Wycliffe foi o arauto da Reforma, não somente para a Inglaterra, mas para toda a cristandade.

O grande protesto contra Roma, que lhe foi dado proferir, jamais deveria silenciar. Aquele protesto abriu a luta de que deveria resultar a emancipação de indivíduos, igrejas e nações. Wycliffe recebeu educação liberal, e para ele o temor do Senhor era o princípio da sabedoria. No colégio se distinguira pela fervorosa piedade bem como por seus notáveis talentos e perfeito preparo escolar.

Em sua sede de saber procurava familiarizar-se com todo ramo de conhecimento. Foi educado na filosofia escolástica, nos cânones da igreja e na lei civil, especialmente a de seu próprio país. Em seus trabalhos subsequentes evidenciou-se o valor destes primeiros estudos. Um conhecimento proficiente da filosofia especulativa de seu tempo, habilitou-o a expor os erros dela.

E, mediante o estudo das leis civis e eclesiásticas, preparou-se para entrar na grande luta pela liberdade civil e religiosa. Não só sabia manejar as armas tiradas da Palavra de Deus, mas também havia adquirido a disciplina intelectual das escolas e compreendia a tática dos teólogos escolásticos. O poder de seu gênio e a extensão.

E proficiência de seus conhecimentos impunham o respeito de amigos bem como de inimigos. Seus adeptos viam com satisfação que seu herói ocupava lugar preeminente entre os espíritos dirigentes da nação. E seus inimigos eram impedidos de lançar o desprezo à causa da Reforma, exprobrando a ignorância ou fraqueza do que a mantinha.

Quando ainda no colégio, Wycliffe passou a estudar as Escrituras Sagradas. Naqueles primitivos tempos em que a Bíblia existia apenas nas línguas antigas, os eruditos estavam habilitados a encontrar o caminho para a fonte da verdade. O qual se achava fechado às classes incultas.

Assim, já fora preparado o caminho para o trabalho futuro de Wycliffe como Reformador. Homens de saber haviam estudado a Palavra de Deus e encontrado a grande verdade de Sua livre graça, ali revelada. Em seus ensinos tinham disseminado o conhecimento desta verdade e levado outros a volver às Sagradas Escrituras. Quando a atenção de Wycliffe se volveu às Escrituras.

Passou a pesquisá-las com a mesma proficiência que o havia habilitado a assenhorear-se da instrução das escolas. Até ali tinha ele sentido grande necessidade que nem seus estudos escolásticos nem o ensino da igreja puderam satisfazer. Na Palavra de Deus encontrou o que antes em vão procurara. Ali ele pode ver revelado o plano da salvação, e Cristo apresentado como único advogado do homem nos céus.

Entregou-se permanentemente ao serviço de Cristo e decidiu-se a proclamar a qualquer custo as verdades que havia descoberto. Semelhante aos reformadores posteriores, Wycliffe não previu, ao iniciar a sua obra, até onde ela o levaria. Não se opôs deliberadamente a Roma.

A dedicação à verdade, porém, não poderia senão levá-lo a conflito com a falsidade. Quanto mais discernia os erros do papado, mais fervorosamente apresentava os ensinos da Escritura Sagrada. Via que Roma abandonara a Palavra de Deus pela tradição humana; destemidamente acusava o sacerdócio de haver banido as Escrituras, e exigia que a Bíblia fosse devolvida ao povo e de novo estabelecida sua autoridade na igreja. Wycliffe era ensinador hábil e ardoroso, eloquente pregador, e sua vida era uma demonstração das verdades que pregava. O conhecimento das Escrituras, a força de seu raciocínio.

A pureza de sua vida e sua coragem, assim como a integridade inflexível conquistaram-lhe geral admiração, estima e confiança. Muitas pessoas se tinham tornado descontentes com sua fé anterior, ao verem a iniquidade que prevalecia na Igreja de Roma, e saudaram com incontida alegria as verdades expostas por Wycliffe;

Mas os dirigentes papais encheram-se de raiva quando perceberam que este reformador conquistava maior influência que a deles mesmos. Wycliffe era perspicaz descobridor de falhas e erros, e atacou destemidamente muitos dos abusos sancionados pela autoridade de Roma. Quando agia como capelão do rei, assumiu ousada atitude contra o pagamento do tributo que o papa pretendia do monarca inglês.

E mostrou que a pretensão papal de autoridade sobre os governantes seculares era contrária tanto à razão como à revelação. As duras exigências do papa tinham excitado grande indignação. Os ensinos de Wycliffe exerceram influência sobre o espírito dos dirigentes do país. O rei e os nobres uniram-se em negar as pretensões do pontífice à autoridade temporal, e na recusa do pagamento do tributo.

Destarte, um golpe eficaz foi desferido contra a supremacia papal na Inglaterra. Outro mal contra que o reformador sustentou longa e resoluta batalha, foi a instituição das ordens dos frades mendicantes. Estes frades enxameavam na Inglaterra, lançando uma nódoa à grandeza e prosperidade da nação. A indústria, a educação, a moral, tudo sentia a influência debilitante. A vida de ociosidade e mendicidade dos monges não só era grande escoadouro dos recursos do povo, mas lançava o desdém ao trabalho útil. A juventude se desmoralizava e corrompia. Pela influência dos frades muitos eram induzidos a entrar para o claustro.

E dedicar-se à vida monástica, e isto não só sem o consentimento dos pais, mas mesmo sem seu conhecimento e contra as suas ordens. Um dos primitivos padres da Igreja de Roma, insistindo sobre as exigências do monasticismo acima das obrigações do amor e dever filial, declarou: "Ainda que teu pai se encontrasse deitado diante de tua porta, chorando e lamentando.

E a tua mãe te mostrasse o corpo que te carregou e os seios que te nutriram. Tê-los-ás de pisar a pés e ir avante diretamente a Cristo. "Por esta "monstruosa desumanidade", como mais tarde Lutero a denominou, "que cheira mais a lobo e a tirano do que a cristão ou homem", empedernia-se o coração dos filhos contra os pais. - Vida de Lutero, de Barnas Sears. Assim, os dirigentes papais, como os fariseus de outrora, tornavam sem efeito o mandamento de Deus.

Com a sua tradição. Assim se desolavam lares, e pais ficavam privados da companhia dos filhos e filhas. Mesmo os estudantes das universidades eram enganados pelas falsas representações dos monges, e induzidos a unir-se às suas ordens. Muitos mais tarde se arrependiam deste passo, vendo que haviam prejudicado sua própria vida e causado tristeza aos pais.

Mas, uma vez presos na armadilha, era-lhes impossível obter liberdade. Muitos pais, temendo a influência dos monges, recusavam-se a enviar os filhos às universidades. Houve assinalada redução no número de estudantes que frequentavam os grandes centros de ensino. As escolas feneciam e prevalecia a ignorância. O papa conferira a esses monges a faculdade de ouvir confissões e conceder perdão.

Isto se tornou fonte de grandes males. Inclinados a aumentar seus lucros, os frades estavam tão dispostos a conceder absolvição que criminosos de todas as espécies a eles recorriam. E, como resultado, aumentaram rapidamente os vícios mais detestáveis. Os doentes e os pobres eram deixados a sofrer, enquanto os donativos pagos que lhes deveriam suavizar as necessidades, iam para os monges que com ameaças exigiam esmolas do povo. Denunciando a impiedade dos que retivessem os donativos de suas ordens.

Apesar de sua profissão de pobreza, a riqueza dos frades aumentava constantemente e seus suntuosos edifícios e lautas mesas tornavam mais notória a pobreza crescente da nação. E enquanto despendiam o tempo em luxo e prazeres, enviavam em seu lugar homens ignorantes que apenas podiam narrar histórias maravilhosas, lendas, para divertir o povo e torná-lo ainda mais completamente iludido pelos monges.

Contudo, os frades continuavam a manter o domínio sobre as multidões. Todas supersticiosas, e a levá-las a crer que todo dever religioso se resumia em reconhecer a supremacia do papa, adorar os santos e fazer donativos aos monges, e que isto era suficiente para lhes garantir lugar no Céu. Homens de saber e piedade haviam trabalhado em vão.

Para efetuar uma reforma nessas ordens monásticas. Wycliffe, porém, com intuição mais clara, feriu o mal pela raiz, declarando que a própria organização era falsa e que deveria ser abolida. Despertavam-se discussões e indagações. Atravessando os monges o país, vendendo perdões do papa, muitos foram levados a duvidar da possibilidade de comprar perdão com dinheiro e suscitaram a questão se não deveriam antes buscar de Deus o perdão em vez de buscá-lo do pontífice de Roma.

Não poucos se alarmavam com a capacidade dos frades, cuja avidez parecia nunca se satisfazer. "Os monges e sacerdotes de Roma" diziam eles, "estão-nos comendo como um câncer. Deus nos deve livrar, ou o povo perecerá." - D"Aubigné. Para encobrir sua avareza, pretendiam os monges mendicantes seguir o exemplo do Salvador, declarando que Jesus e Seus discípulos haviam sido sustentados pela caridade do povo.

Esta pretensão resultou em prejuízo de sua causa, pois levou muitos à Escritura Sagrada, a fim de saberem por si mesmos a verdade - resultado que de todos os outros era o menos desejado de Roma. A mente dos homens foi dirigida à Fonte da verdade, que era o objetivo de Roma ocultar. Wycliffe começou a escrever e publicar folhetos contra os frades.

Porém não tanto procurando entrar em discussão com eles como despertando o espírito do povo aos ensinos da Bíblia e seu Autor. Ele declarava que o poder do perdão ou excomunhão não o possuía o papa em maior grau do que os sacerdotes comuns. E que ninguém pode ser verdadeiramente excomungado a menos que primeiro haja trazido sobre si a condenação de Deus. De nenhuma outra maneira mais eficaz poderia ele ter empreendido a demolição.

Daquela gigantesca estrutura de domínio espiritual e temporal que o papa erigira, e em que alma e corpo de milhões se achavam retidos em cativeiro. De novo foi Wycliffe chamado para defender os direitos da coroa inglesa contra as usurpações de Roma. Sendo designado embaixador real, passou dois anos na Holanda, em conferência com os emissários do papa.

Ali entrou em contato com eclesiásticos da França, Itália e Espanha. E teve oportunidade de devassar os bastidores e informar-se de muitos fatos que lhe teriam permanecido ocultos na Inglaterra. Aprendeu muita coisa que o orientaria em seus trabalhos posteriores. Naqueles representantes da corte papal lia ele o verdadeiro caráter e objetivos da hierarquia. Voltou para a Inglaterra a fim de repetir mais abertamente e com maior zelo seus ensinos anteriores.

Declarando que a cobiça, o orgulho e o engano eram os deuses de Roma. .Num de seus folhetos disse ele, falando do papa e seus coletores: "Retiram de nosso país os meios de subsistência dos pobres, e muitos milhares de marcos, anualmente, do dinheiro do rei, para sacramentos e coisas espirituais, o que é amaldiçoada heresia de simonia.

Fazem com que toda a cristandade consinta nesta heresia e a mantenha. E, na verdade, ainda que nosso reino tivesse uma gigantesca montanha de ouro, e nunca homem algum dali tirasse a não ser somente o coletor deste orgulhoso e mundano sacerdote, com o tempo ela se esgotaria; pois sempre ele tira dinheiro de nosso país e nada devolve a não ser a maldição de Deus pela sua simonia." (História da Vida e Sofrimentos de J. Wycliffe, do Rev. João Lewis) Logo depois de sua volta à Inglaterra. Wycliffe recebeu do rei nomeação para a reitoria de Lutterworth.

Isto correspondia a uma prova de que o monarca ao menos não se desagradara de sua maneira franca no falar. A influência dele foi sentida no moldar a ação da corte, bem como a crença da nação. Os trovões papais logo se desencadearam contra ele. Três bulas foram expedidas para a Inglaterra: para a universidade. Para o rei e para os prelados, ordenando todas as medidas imediatas e decisivas para fazer silenciar o ensinador de heresias.

Antes da chegada das bulas, porém, os bispos, em seu zelo, intimaram Wycliffe a comparecer perante eles para julgamento. Entretanto, dois dos mais poderosos príncipes do reino o acompanharam ao tribunal; e o povo, rodeando o edifício e invadindo-o, intimidou de tal maneira os juízes daquela corte que o processo foi temporariamente suspenso.

Sendo-lhe permitido ir-se em paz. Um pouco mais tarde faleceu Eduardo III, a quem em sua idade avançada os prelados estavam procurando influenciar contra o reformador, e o anterior protetor de Wycliffe tornou-se regente do reino. Mas a chegada das bulas papais trazia para toda a Inglaterra a ordem peremptória de prisão e encarceramento do herege. Estas medidas indicavam de maneira direta a fogueira.

Parecia certo que Wycliffe logo deveria cair vítima da vingança de Roma. Mas aquele que declarou outrora a alguém: "Não temas, ... Eu sou teu escudo" (Gênesis. 15:1), de novo estendeu a mão para proteger Seu servo. A morte veio, não para o reformador, mas para o pontífice que lhe decretara destruição. Gregório XI morreu, e dispersaram-se os eclesiásticos que se haviam reunido para o processo de Wycliffe.

A providência de Deus encaminhou ainda mais os acontecimentos para dar novas oportunidade ao desenvolvimento da Reforma. A morte de Gregório foi seguida da eleição de dois papas rivais. Dois poderes em conflito, cada um se dizendo infalível, exigiam agora obediência. Cada qual apelava para os fiéis a fim de o ajudarem a fazer guerra contra o outro, encarecendo suas exigências com terríveis anátemas contra os adversários.

E promessas de recompensas no Céu aos que decidissem apoiá-lo. Esta ocorrência enfraqueceu grandemente o poderio do papado. As facções rivais fizeram tudo que podiam para atacar uma a outra, e durante algum tempo Wycliffe teve repouso. Anátemas e recriminações voavam de um papa a outro, e derramavam-se torrentes de sangue para sustentar suas pretensões em conflito.

Crimes e escândalos inundavam a igreja. Nesse ínterim, o reformador, no silencioso retiro de sua paróquia de Lutterworth, estava trabalhando diligentemente para. Dos papas contendores, dirigir os homens a Jesus, o Príncipe da paz. O cisma, com toda a contenda e corrupção que produziu, preparou o caminho para a Reforma, habilitando o povo a ver o que o papado realmente era.

Num folheto que publicou - Sobre o Cisma dos Papas . Wycliffe apelou para o povo a fim de que considerasse se esses dois sacerdotes estavam a falar a verdade ao condenarem um ao outro como o anticristo. "Deus", disse ele, "não mais quis consentir que o demônio reinasse num único sacerdote tal, mas... fez divisão entre dois, de modo que os homens, em nome de Cristo. Possam mais facilmente vencê-los a ambos." – Vida e Opiniões de João Wycliffe, de Vaughan. Wycliffe, a exemplo de seu Mestre, pregou o evangelho aos pobres.

Não contente com espalhar a luz nos lares humildes em sua própria paróquia de Lutterworth. Concluiu que ela deveria ser levada a todas as partes da Inglaterra. Para realizar isto organizou um corpo de pregadores, homens simples e dedicados, que amavam a verdade e nada desejavam tanto como o propagá-la.

Estes homens iam por toda parte, ensinando nas praças, nas ruas das grandes cidades e nos atalhos do interior. Procuravam os idosos, os doentes e os pobres, e desvendavam-lhes as alegres novas da graça de Deus. Como professor de teologia em Oxford, Wycliffe pregou a Palavra de Deus nos salões da universidade. Tão fielmente apresentava ele a verdade aos estudantes sob sua instrução, que recebeu o título de "Doutor do Evangelho". Mas a maior obra da vida de Wycliffe deveria ser a tradução das Escrituras para a língua inglesa.

Num livro - Sobre a Verdade e Sentido das Escrituras - exprimiu a intenção de traduzir a Bíblia De maneira que todos na Inglaterra pudessem ler. Na língua materna, as maravilhosas obras de Deus. Subitamente, porém, interromperam-se as suas atividades.

Posto que não tivesse ainda sessenta anos de idade, o trabalho incessante, o estudo e os assaltos dos inimigos haviam posto à prova suas forças, tornando-o prematuramente velho. Foi atacado de perigosa enfermidade. A notícia disto proporcionou grande alegria aos frades. Pensavam então que se arrependeria amargamente do mal que tinha feito à igreja e precipitaram-se ao seu quarto para ouvir-lhe a confissão. Representantes das quatro ordens religiosas, com quatro oficiais civis, reuniram-se em redor do suposto moribundo. "Tendes a morte em vossos lábios", diziam; "comovei-vos com as vossas faltas, e retratai em nossa presença tudo que dissestes para ofensa nossa."

O reformador ouviu em silêncio; mandou então seu assistente levantá-lo no leito e, olhando fixamente para eles enquanto permaneciam esperando a retratação, naquela voz firme e forte que tantas vezes os havia feito tremer, disse "Não hei de morrer, mas viver, e novamente denunciar as más ações dos frades.' - D"Aubigné. Espantados e confundidos, saíram os monges apressadamente do quarto. Cumpriram-se as palavras de Wycliffe

. Viveu a fim de colocar nas mãos de seus compatriotas a mais poderosa de todas as armas contra Roma, isto é, dar-lhes a Escritura Sagrada, o meio indicado pelo Céu para libertar, esclarecer e evangelizar o povo. Muitos e grandes obstáculos havia a vencer na realização dessa obra de enorme valor. Wycliffe achava-se sobrecarregado de enfermidades.

Sabia que apenas poucos anos lhe restavam para o trabalho; via a oposição que teria de enfrentar; mas, animado pelas promessas da Palavra de Deus. Foi avante sem intimidar-se de coisa alguma. Quando em pleno vigor de suas capacidades intelectuais, rico em experiências, foi ele preservado.

E preparado por especial providência de Deus para esse trabalho - o maior por ele realizado. Enquanto a cristandade se envolvia em tumultos, o reformador em sua reitoria de Lutterworth, alheio à tempestade que fora esbravejava, dedicava-se à tarefa que escolhera. Concluiu-se, por fim, o trabalho: a primeira tradução inglesa que já se fizera da Escritura Sagrada.

A Palavra de Deus estava aberta para a Inglaterra. O reformador não temia agora prisão ou fogueira. Colocara nas mãos do povo inglês uma luz que jamais se extinguiria. Dando a Bíblia aos seus compatriotas, fizera mais no sentido de quebrar os grilhões da ignorância e do vício.

Mais para libertar e enobrecer seu país, do que já se conseguira pelas mais brilhantes vitórias nos campos de batalha. Sendo ainda desconhecida a arte de imprimir. Era unicamente por trabalho moroso e fatigante que se podiam multiplicar os exemplares da Escritura Sagrada. Tão grande era o interesse por se obter o Livro, que muitos voluntariamente se empenharam na obra de o transcrever; mas era com dificuldade que os copistas podiam atender aos pedidos. Alguns dos mais ricos compradores desejavam a Bíblia toda. Outros compravam apenas parte.

Em muitos casos várias famílias se uniam para comprar um exemplar. Assim, a Bíblia de Wycliffe logo teve acesso aos lares do povo. O apelo para a razão despertou os homens de sua submissão passiva aos dogmas papais. Wycliffe ensinava agora doutrinas distintivas do protestantismo: salvação pela fé em Cristo, e a infalibilidade das Escrituras unicamente.

Os pregadores que enviara disseminaram a Bíblia, juntamente com os escritos do reformador, e com êxito tal que a nova fé foi aceita por quase metade do povo da Inglaterra. O aparecimento das Escrituras produziu estupefação às autoridades da igreja. Tinham agora de enfrentar um fator mais poderoso do que Wycliffe, fator contra o qual suas armas pouco valeriam.

Não havia nesta ocasião na Inglaterra lei alguma proibindo a Bíblia. Pois nunca dantes fora ela publicada na língua do povo. Semelhantes leis foram tempos depois feitas e rigorosamente executadas. Entretanto, apesar dos esforços dos padres, houve durante algum tempo oportunidade para a circulação da Palavra de Deus. Novamente os chefes papais conspiraram para fazer silenciar a voz do reformador.

Perante três tribunais foi ele sucessivamente chamado a juízo, mas sem proveito. Primeiramente um sínodo de bispos declarou heréticos os seus escritos e, ganhando o jovem rei Ricardo II para o seu lado, obtiveram um decreto real sentenciando à prisão para todos os que professassem as doutrinas condenadas. Wycliffe, no entanto, apelou do sínodo para o Parlamento; destemidamente acusou a hierarquia perante o conselho nacional e pediu uma reforma dos enormes abusos sancionados pela igreja.

Com poder convincente, descreveu as usurpações e corrupções da sé papal. Seus inimigos ficaram confusos. Os que eram amigos de Wycliffe e o apoiavam, tinham sido obrigados a ceder, e houvera a confiante expectativa de que o próprio reformador, em sua avançada idade, só e sem amigos, curvar-se-ia ante a autoridade combinada da coroa e da tiara. Mas, em vez disso, os adeptos de Roma viram-se derrotados.

O Parlamento, despertado pelos estimuladores apelos de Wycliffe, repeliu o edito perseguidor e o reformador foi novamente posto em liberdade. Pela terceira vez foi ele chamado a julgamento, e agora perante o mais elevado tribunal eclesiástico do reino. Ali não se mostraria favor algum para com a heresia. Finalmente, Roma triunfaria e a obra do reformador seria detida.

Assim pensavam os romanistas. Se tão-somente cumprissem seu propósito, Wycliffe seria obrigado a renunciar suas doutrinas, ou sairia da corte diretamente para as chamas. Ele, porém, não se retratou; não usou de dissimulação. Destemidamente sustentou seus ensinos e repeliu as acusações de seus perseguidores. Perdendo de vista a si próprio, sua posição e o momento, citou os ouvintes perante o tribunal divino.

E pesou seus sofismas e enganos na balança da verdade eterna. Sentiu-se o poder do Espírito Santo na sala do concílio. Os ouvintes ficaram como que fascinados. Pareciam não ter forças para deixar o local. Como setas da aljava do Senhor, as palavras do reformador penetravam-lhes a alma. A acusação da heresia que contra ele haviam formulado, com poder convincente reverteu contra eles mesmos. Por que.

Perguntava ele, ousavam espalhar seus erros? Por amor do lucro, para da graça de Deus fazerem mercadoria? "Com quem", disse finalmente, "julgais estar a contender? com um ancião às bordas da sepultura? Não! com a Verdade - Verdade que é mais forte do que vós, e vos vencerá." - Wylie. Assim dizendo, retirou-se da assembleia e nenhum de seus adversários tentou impedi-lo. A obra de Wycliffe estava quase terminada.

A bandeira da verdade que durante tanto tempo empunhara, logo lhe deveria cair da mão; mas, uma vez mais, deveria ele dar testemunho do evangelho. A verdade devia ser proclamada do próprio reduto do reino do erro. Wycliffe foi chamado a julgamento perante o tribunal papal em Roma, o qual tantas vezes derramara o sangue dos santos.

Não ignorava o perigo que o ameaçava; contudo. Teria atendido à chamada se um ataque de paralisia lhe não houvesse tornado impossível efetuar a viagem. Mas, se bem que sua voz não devesse ser ouvida em Roma, poderia falar por carta, e isto se decidiu a fazer. De sua reitoria o reformador escreveu ao papa uma carta que, conquanto respeitosa nas expressões e cristã no espírito, era incisiva censura à pompa e orgulho da sé papal. "Em verdade me regozijo", disse, "por manifestar e declarar a todo homem a fé que mantenho, e especialmente ao bispo de Roma.

O qual, como suponho ser íntegro e verdadeiro, de mui boa vontade confirmará minha dita fé, ou, se é ela errônea, corrigi-la-á. "Em primeiro lugar, creio que o evangelho de Cristo é o corpo todo da lei de Deus. ... Declaro e sustento que o bispo de Roma, desde que se considera o vigário de Cristo aqui na Terra, está obrigado, mais do que todos os outros homens, à lei do evangelho. Pois a grandeza entre os discípulos de Cristo não consistia na dignidade e honras mundanas, mas em seguir rigorosamente, e de perto, a Cristo em Sua vida e maneiras. ...

Jesus, durante o tempo de Sua peregrinação na Terra, foi homem paupérrimo, desdenhando e lançando de Si todo o domínio e honra mundanos. ... "Nenhum homem fiel deveria seguir quer ao próprio papa, quer a qualquer dos santos. A não ser nos pontos em que seguirem ao Senhor Jesus Cristo; pois Pedro e os filhos de Zebedeu, desejando honras mundanas.

Contrárias ao seguimento dos passos de Cristo, erraram e, portanto, nestes erros não devem ser seguidos. ..."O papa deve deixar ao poder secular todo o domínio e governo temporal, e neste sentido exortar e persuadir eficazmente todo o clero; pois assim fez Cristo. E especialmente por Seus apóstolos. Por conseguinte, se errei em qualquer destes pontos, submeter-me-ei muito humildemente à correção, mesmo pela morte, se assim for necessário.

E se eu pudesse agir segundo minha vontade ou desejo, certamente me apresentaria em pessoa perante o bispo de Roma; mas o Senhor determinou o contrário, e ensinou-me a obedecer antes a Deus do que aos homens." Finalizando, disse: "Oremos a nosso Deus para que Ele de tal maneira influencie nosso papa Urbano VI. Conforme já começou a fazer, que juntamente com o clero possa seguir ao Senhor Jesus Cristo na vida e nos costumes.

E com eficácia ensinar o povo, e que eles de igual maneira, fielmente os sigam nisso." - Atos e Monumentos, de Foxe. Assim Wycliffe apresentou ao papa e aos cardeais a mansidão e humildade de Cristo, mostrando não somente a eles mesmos, mas a toda a cristandade, o contraste entre eles e o Mestre, a quem professavam representar.

Wycliffe esperava plenamente que sua vida seria o preço de sua fidelidade. O rei, o papa e os bispos estavam unidos para levá-lo a ruína, e parecia certo que, quando muito, em poucos meses o levariam à fogueira. Mas sua coragem não se abalou. "Por que falais em procurar longe a coroa do martírio?"Dizia. "Pregai o evangelho de Cristo aos altivos prelados e o martírio não vos faltará. Quê! viveria eu e estaria silencioso? Nunca! Venha o golpe, eu o estou aguardando." D.Aubigné. Mas Deus, em Sua providência, ainda escudou a Seu servo.

O homem que durante toda a vida permanecera ousadamente na defesa da verdade, diariamente em perigo de vida, não deveria cair vítima do ódio de seus adversários. Wycliffe nunca procurara escudar-se a si mesmo, mas o Senhor lhe fora o protetor. E agora, quando seus inimigos julgavam segura a presa, a mão de Deus o removeu para além de seu alcance.

Em sua igreja, em Lutterworth, na ocasião em que ia ministrar a comunhão, caiu atacado de paralisia, e em pouco tempo rendeu a vida. Deus designara a Wycliffe a sua obra. Pusera-lhe na boca a Palavra da verdade e dispusera uma guarda a seu redor para que esta Palavra pudesse ir ao povo. A vida fora-lhe protegida e seus trabalhos se prolongaram, até ser lançado o fundamento para a grande obra da Reforma. Wycliffe saíra das trevas da Idade Média. Ninguém havia que tivesse vivido antes dele, por meio de cuja obra pudesse modelar seu sistema de reforma.

Suscitado como João Batista para cumprir uma missão especial, foi ele o arauto de uma nova era. Contudo, no sistema de verdades que apresentava. Havia uma unidade e perfeição que os reformadores que o seguiram não excederam e que alguns não atingiram, mesmo cem anos mais tarde. Tão amplo e profundo foi posto o fundamento, tão firme e verdadeiro o arcabouço, que não foi necessário serem reconstruídos pelos que depois dele vieram.

O grande movimento inaugurado por Wycliffe, o qual deveria libertar a consciência. E o intelecto e deixar livres as nações, durante tanto tempo jungidas ao carro triunfal de Roma, teve sua fonte na Escritura Sagrada. Ali se encontrava a origem da corrente de bem-aventurança, que, como a água da vida.

Tem manado durante gerações desde o século XIV. Wycliffe aceitava as Sagradas Escrituras com implícita fé, como a inspirada revelação da vontade de Deus, como suficiente regra de fé e prática. Fora educado de modo a considerar a Igreja de Roma como autoridade divina, infalível, e aceitar com indiscutível reverência os ensinos e costumes estabelecidos havia um milênio; mas de tudo isto se desviou para ouvir a santa Palavra de Deus.

Esta era a autoridade que ele insistia com o povo para que reconhecesse. Em vez da igreja falando pelo papa, declarou ser a única verdadeira autoridade a voz de Deus falando por Sua Palavra. E não somente ensinava que a Bíblia é a perfeita revelação da vontade de Deus, mas que o Espírito Santo é o seu único intérprete, e que todo homem, pelo estudo de seus ensinos, deve aprender por si próprio o dever. Desta maneira fazia volver o espírito, do papa e da igreja de Roma, para a Palavra de Deus. Wycliffe foi um dos maiores reformadores. Na amplidão de seu intelecto, clareza de pensamentos.

Firmeza em manter a verdade e ousadia para defendê-la, por poucos dos que após ele vieram foi igualado. Pureza de vida, incansável diligência no estudo e trabalho, incorruptível integridade, amor e fidelidade cristã no ministério caracterizaram o primeiro dos reformadores. E isto apesar das trevas intelectuais e corrupção moral da época de que ele emergiu.

O caráter de Wycliffe é testemunho do poder educador e transformador das Sagradas Escrituras. Foram estas que dele fizeram o que foi. O esforço para aprender as grandes verdades da revelação, comunica frescor e vigor a todas as faculdades. Expande a mente, aguça a percepção, amadurece o juízo.

O estudo da Bíblia enobrece a todo pensamento, sentimento e aspiração, como nenhum outro estudo o pode fazer. Dá estabilidade de propósitos, paciência, coragem e fortaleza; aperfeiçoa o caráter e santifica a alma. O esquadrinhar fervoroso e reverente das Escrituras, pondo o espírito do estudante em contato direto com a mente infinita, daria ao mundo homens de intelecto mais forte e mais ativo, bem como de princípios mais nobres, do que os que já existiram como resultado do mais hábil ensino que proporciona a filosofia humana.

"A exposição das Tuas palavras dá luz", diz o salmista; "dá entendimento aos símplices." (Salmos. 119:130) As doutrinas ensinadas por Wycliffe continuaram durante algum tempo a espalhar-se; seus seguidores, conhecidos como wyclifitas e lolardos, não somente encheram a Inglaterra, mas espalharam-se em outros países, levando o conhecimento do evangelho. Agora que seu guia fora tomado dentre os vivos, os pregadores trabalhavam com zelo maior do que antes, e multidões se congregavam para ouvi-los. Alguns da nobreza e mesmo a esposa do rei se encontravam entre os conversos.

Em muitos lugares houve assinalada reforma nos costumes do povo, e os símbolos do romanismo foram removidos das igrejas. Logo, porém, a impiedosa tempestade da perseguição irrompeu sobre os que haviam ousado aceitar a Escritura Sagrada.

Como guia. Os monarcas ingleses, ávidos de aumentar seu poder mediante o apoio de Roma, não hesitaram em sacrificar os reformadores. Pela primeira vez na história da Inglaterra a fogueira foi decretada contra os discípulos do evangelho. Martírios sucederam a martírios. Os defensores da verdade, proscritos e torturados, podiam tão-somente elevar seus clamores ao ouvido do Senhor dos exércitos.

Perseguidos como inimigos da igreja e traidores do reino, continuaram a pregar em lugares secretos, encontrando abrigo o melhor que podiam nos humildes lares dos pobres, e muitas vezes refugiando-se mesmo em brenhas e cavernas. Apesar da fúria da perseguição, durante séculos continuou a ser proferido um protesto calmo, devoto, fervoroso, paciente. E perspicaz contra as dominantes corrupções da fé religiosa de então.

Os crentes daqueles primitivos tempos tinham apenas conhecimento parcial da verdade, mas, apesar disso. Haviam aprendido a amar e obedecer à Palavra de Deus, e pacientemente sofriam por sua causa. Como os discípulos dos dias apostólicos, muitos sacrificavam suas posses deste mundo pela causa de Cristo. Aqueles a quem era permitido permanecer em casa. Abrigavam alegremente os irmãos banidos; e, quando eles também eram expulsos, animosamente aceitavam a sorte dos proscritos.

Milhares, é verdade, aterrorizados pela fúria dos perseguidores, compravam a liberdade com sacrifício da fé, e saíam das prisões vestidos com a roupa dos penitentes, a fim de publicar sua abjuração. Mas não foi pequeno o número (e entre estes havia homens de nascimento nobre bem como humildes.

E obscuros dos que deram destemido testemunho da verdade nos cubículos dos cárceres, nas "Torres dos Lolardos", e em meio de tortura e chamas, regozijando-se de que tivessem sido considerados dignos de conhecer a "comunicação de Suas aflições". Os romanistas não haviam conseguido executar sua vontade em relação a Wycliffe durante a vida deste, e seu ódio não se satisfez enquanto o corpo do reformador repousasse em sossego na sepultura.

Por decreto do concílio de Constança, mais de quarenta anos depois de sua morte, seus ossos foram exumados e publicamente queimados, e as cinzas lançadas em um riacho vizinho. "Esse riacho", diz antigo escritor, "levou suas cinzas para o Avon, o Avon para o Severn, o Severn para os pequenos mares, e estes para o grande oceano. E assim as cinzas de Wycliffe são o emblema de sua doutrina, que hoje está espalhada pelo mundo inteiro." (História Eclesiástica da Bretanha, de T. Fuller)

Pouco imaginaram os inimigos a significação de seu ato perverso. Foi mediante os escritos de Wycliffe que João Huss, da Boêmia, foi levado a renunciar a muitos erros do romanismo e entrar na obra da Reforma. E assim é que nesses dois países tão grandemente separados, foi lançada a semente da verdade. Da Boêmia a obra estendeu-se para outras terras.

O espírito dos homens foi dirigido para a Palavra de Deus, havia tanto esquecida. A mão divina estava a preparar o caminho para a Grande Reforma "No decorrer da história cristã podemos ver a dor e o sofrimento que os filhos de Deus tiveram que suportar para provar o amor puro e verdadeiro que sentiam pelo Pai que um dia lhes resgatou da morte espiritual na qual se encontravam.

Antes de conhecerem as verdades do evangelho e a ele se converterem. Todo o sofrimento vivido pelos cristãos protestantes em séculos passados, foi o cumprimento do que diz a carta aos Hebreus, escrita bem antes que toda esta maldade fosse cometida contra eles: "Alguns foram torturados, não aceitando a liberdade para receberem maior recompensa. Outros, por sua vez, passaram pela prova de escárnios e açoites, sim, até de algemas e prisões. Foram apedrejados, provados, serrados ao meio, mortos a fio da espada, andaram peregrinos, vestidos de pele de ovelhas.

Necessitados, afligidos, maltratados, homens dos quais o mundo não era digno de recebê-los. Andaram errantes pelo deserto, pelos montes, pelas covas, pelo interior da terra" (Hebreus 11: 35b-38) Será que ainda pode-se encontrar cristãos com estas características em nossos dias? Capaz de morrer, sendo preciso, por amor a Deus e a sua Palavra?

Certamente que não, nós gritamos a altos pulmões, quando pregamos o evangelho aos perdidos, que amamos o Senhor, mas não temos coragem suficiente para dar a ele tamanha prova de nossa fidelidade, pois já não somos capazes de vislumbrar a incomparável glória que ele possui. Hoje, o máximo que nós, seus filhos, estamos dispostos a fazer é entoar louvores nos corais de nossas igrejas.

Pregar aos perdidos um evangelho sem qualquer consistência com aquilo que Jesus ensinou. Com a mesma autoridade, a mesma santidade, o mesmo poder em nossas palavras, tornando-as capazes de alcançar o coração ferido e sem esperanças dos que se encontram condenados a morrer sem esperanças de salvação. Ás mensagens de despertamento anunciadas pela igreja da atualidade já não surte qualquer efeito transformador na vida do pecador.

Este condenado que caminha sem rumo nem direção, de olhos vendados pelo mal que aos poucos o está matando e levando sua alma para a negritude do inferno. Foi-se o tempo em que a igreja cristã merecia o título de "Atalaia do Senhor", aquela vista como uma luz meio a escuridão, composta por destemidos, que não mediam esforços pela causa do evangelho, completamente comprometidos com a vontade de Deus e determinados a jamais apartar-se de sua justiça.

Ainda há sinceros cristãos, filhos do Rei, comprados e lavados no sangue do Cordeiro que tira o pecado do mundo (João 1.29), mas em números bem reduzidos, pois tudo tem mudado neste mundo, até a forma como amamos a Deus.

Parte 5 – O Dom de Amar

5.1 Amor Ao Próximo

"Porque Deus amou o mundo de tal maneira que deu seu Filho Unigênito, para que todo aquele que nele crê não pereça, mas tenha a vida eterna" (João 3:16)

Deus é um Pai amoroso, que se preocupa com seus filhos e está sempre disposto a ajudá-los. Ao criar o homem, seu maior objetivo era vê-lo sempre feliz e realizado, para que tivesse prazer em adorá-lo. Porém, a astuta serpente visito o primeiro casal no jardim do Éden e ali conseguiu, através da ambição típico da mulher.

Fazer com que pecassem e os planos divinos tiveram que ser alterados e veio sobre a humanidade o pecado, a morte e a condenação (Gênesis3:8-19) Com o decorrer dos séculos o mal se espalhava pela terra e o homem ficava cada vez mais distante de seu Criador. Satanás, principal inimigo do Senhor, passou a comandar tudo aqui embaixo.

Era ele quem ditava as regras e o homem, escravizado por suas maldades, obedecia. Crescia a violência, a iniquidade, o que era santo e sagrado foi esquecido e tudo se tornou em trevas "Viu o Senhor que a maldade do homem havia se multiplicado na terra e era continuamente mau todo o desígnio do seu coração. Então se arrependeu o Senhor de ter feito o homem na terra e isto lhe entristeceu o coração.

Então, disse o Senhor: Farei desaparecer da face da terra o Homem que criei, o homem e o animal. Os répteis e as aves dos céus, porque me arrependo de os haver feito. Porém Noé achou graça diante Dele." (Gênesis 6: 5-9) Apesar da grande decepção sofrida ao ver a coroa da sua criação corrompida e rebelada contra a sua autoridade.

Edepois irando-se com tal situação ao ponto de decidir destruir toda a humanidade e com ela todo ser vivo, como um Pai misericordioso ainda passou seu último olhar pela face da terra a procura de pelo menos um homem em quem pudesse alegrar.

Encontrando o justo Noé, que havia decidido reconhecê-lo como Deus e adorá-lo. Este homem foi nosso escape, devido a sua conduta justa e voltada ao Senhor a humanidade futura foi garantida, através dele continuamos a existir e a nos multiplicar. Mas, infelizmente, foi destruído o mundo antigo com as águas do dilúvio (Gênesis 7:17-24), no entanto deixou viva semente do mal. O Diabo, que continuou a disseminar no homem a semente da rebeldia e da desobediência que o tornou cada vez mais maldito e indigno de ser aceito como filho, por Deus.

Mas, no ápice de sua paciência, o Senhor tentou mais uma vez apostar na humanidade, mesmo vendo o quanto esta sentia prazer no pecado. Foi, então, que teve a ideia de criar um povo particular que fosse apenas seu. E que finalmente o reconhecessem como o Deus de todo o universo depois de lhes mostrar a imensidão do seu poder e toda a beleza de sua glória. Abraão foi o escolhido, assim como teria sido Noé.

Para que dele se originasse um povo santo que daria a Deus o prazer de ser visto como o Ser majestoso que sempre foi, a ele foi feito a promessa de que seria o pai de uma grande nação, herdeiros de suas ricas bênçãos celestiais. "Quando atingiu a idade de noventa e nove anos, apareceu-lhe o Senhor, e disse-lhe: Eu sou o Deus todo poderoso, anda na minha presença e ser perfeito.

Farei uma aliança entre mim e ti, e te multiplicarei extraordinariamente. E prostrou-se Abrão com o rosto em terra, e Deus lhe falou: Quanto a mim, será contigo minha aliança, serás pai de numerosas nações. Abrão já não será mais o teu nome, porque por pai de muitas nações te constitui e te farei imensamente fecundo e reis procederão de ti. Estabelecerei minha aliança entre mim e ti e a tua descendência no percurso de suas gerações, aliança perpétua, para ser o teu Deus e da tua geração" (Gênesis 17:1-7)

De Abraão originou-se Israel, a nação dos sonhos de Deus, mais uma de suas tentativas em te na terra um povo santo, inimigos do mal. Alienados do pecado e que sentissem prazer em adorá-lo na beleza de sua santidade. Mas, como quem busca sonhos impossíveis de se realizar.

. Israel viveu como escravos de Faraó por quatro séculos e, mesmo vendo o poder com que o Senhor os resgatou do Egito e lhes sustentou com Maná por quarenta anos no deserto. Devido a dureza de seus corações, ainda duvidavam do que ele poderia fazer em seu favor (Gênesis 7:14-23;8:1-32;9:1-35;10:1-29;11:1-10; 13:17-22;14:1-31) Na tentativa de convencer seu povo a entender o quanto os amava e queria que vivessem dignamente, separados das demais civilizações em redor, para que fossem seus representantes neste mundo.

E, com isso, servissem como luz meio a escuridão do pecado e da morte espiritual em que o restante das demais nações se encontravam, ele decidiu dar a Moisés as tábuas da Lei, com estatutos que, se cumpridos, santificariam Israel e o Senhor poderia finalmente ver seu sonho de ver o homem vencer o mal e se tornar um verdadeiro adorador, mas nem mesmo isto deu certo.

Por séculos ele tentou convencer os israelitas quanto a necessidade de uma real mudança em seu proceder, inúmeras vezes aconselhou a respeito de seus maus caminhos, através de seus profetas: " Mas nem ele, nem os seus servos, nem o povo da terra deram ouvidos às palavras do Senhor que falou pelo ministério de Jeremias, o profeta"(Jeremias 37:2) Suas repreensões, seus conselhos, os castigos que muitas vezes causou a destruição de suas cidades.

Casas e famílias, nada serviu para mudar sua dura cerviz, pois eram um povo obstinado em pecar e todo tipo de mal fazer: "Circuncidai-vos para o Senhor, circuncidai o vosso coração, ó moradores de Judá e de Jerusalém, para que o meu furor não saia como fogo e arda, e não haja quem o apague, por causa da malícia de vossas obras; Lava teu coração da malícia, ó Jerusalém, para que sejas salva! Até quando hospedarás contigo os teus maus pensamentos?

Deveras o meu povo está louco, já não me conhece, são filhos néscios e não inteligentes; são sábios para o mal e não sabem fazer o bem"(Jeremias 4:4,14,22) Apesar de ser um Deus incansável (Isaías 40:28,29) "cansou-se" de insistir com a dureza de Israel e decidiu voltar-lhes as costas por quatrocentos anos(Este tempo refere-se ao período inter-bíblico encontrado nas páginas em branco que dividem o Antigo e o Novo Testamento na Bíblia Sagrada.

Que não consta nas Escrituras por não ser visto como um conteúdo sagrado, apenas histórico) Durante este tempo de silêncio, Israel viveu sem templos, sem sacerdotes que ministrassem a Lei, sem a presença de Deus e completamente absolutos. Nestes quatros séculos de completa ausência do Senhor, que correspondeu ao mesmo tempo em que os israelitas ficaram escravizados no Egito.

A antiga aliança feita com eles logo após saírem do cativeiro foi desfeita(Êxodo 24: 1-8) Agora ele faria mais uma tentativa para resgatar para si um povo santo, fiel e adoradores dignos de sua aceitação, que o adorassem de forma espontânea, por prazer e não apenas por temor, como geralmente acontecia(Levítico 19:5;22:29) Depois de perceber que seus profetas não foram capazes de convencer Israel para uma mudança necessária em suas vidas.

O Deus Pai enviou o Deus Filho para executar a maior de todas as provas de amor que poderia dar ao homem perdido: A morte na cruz(Hebreus 1:1-4) A vinda de Cristo para este mundo, ocupando a forma humana num corpo previamente gerado na virgem de Nazaré(Lucas 1:26-38) que lhe serviu para poder doá-la no Calvário em favor da humanidade, era a última tentativa de resgatar seus escolhidos para si. Porém, isto também não deu certo.

Porque ele veio ao encontro de Israel numa aparência humilde, nasceu numa família pobre e isto fez com que a sociedade rejeitasse, como profetizou Isaías: "...não tinha aparência nem formosura, olharam-lhe, mas nenhuma beleza havia que agradasse. Era desprezado, o mais rejeitado entre os homens; homem de dores e que sabia o que era padecer. E como alguém de quem as pessoas escondem o rosto, foi menosprezado e dele ninguém fez caso"

(Isaías 53:2,3) Como ignorantes o aborreceram e o condenaram a cruz, açoitaram e pisaram no puro amor de Deus, mataram a última esperança de salvação que lhes restara desde do livramento no Egito. Era comum os israelitas matarem os profetas que anunciavam as palavras de Jeová e os repreendiam por seus erros.

E com Jesus não poderia ser diferente(Mateus 23:37;21: 33-41) Todavia, Deus é mesmo persistente naquilo que deseja realizar, e ao perceber que Israel rejeitara seu último apelo para que se voltassem a ele e aceitassem como Soberano em suas vidas, olhou para o mundo pagão que até então não o conheciam sequer de ouvir falar, e enviou seus servos para levar a eles as Boas Novas de Salvação, não mais profetas, pois o último deles e o único totalmente perfeito foi Jesus.

Como está escrito: "Levantarei um profeta do meio de vossos irmãos, semelhante a ti, em cuja boca porei as minhas palavras e ele lhes falará tudo o que eu ordenar. E todo aquele que não ouvir as minhas palavras, que ele falar em meu nome, por causa disso lhe pedirei contas" (Deuteronômio 18:18,19) Jesus foi o último dos profetas que veio a este mundo dominado pelo pecado. Enviado pelo Pai (João1:17,18) para alertar o homem sobre a condenação de sua alma e da oportunidade que está, ainda hoje, recebendo para se reconciliar com Deus e ser salvo do fogo do inferno.

Após voltar para os céus deixou sua igreja para continuar a missão de evangelizar todos os moradores da terra e convencê-los a entender o quanto precisam sr libertos das amarras do mal(Atos 1:8) E, através dela, vem até os dias de hoje e enquanto houver vida humana na terra, insistindo para que o homem rebelado se converta de seus maus caminhos e seja salvo.

Deus é amor, e por isso exige que seus filhos também aprendam a amar seus semelhantes. Ninguém que se auto intitule filho de Deus pode agir com indiferença ao sofrimento de seus semelhantes. Este é o segundo grande mandamento feito com promessa, que diz: "Amarás o Senhor teu Deus de todo o teu coração, de toda a tua alma e de todo o teu entendimento e amarás ao teu próximo como a ti mesmo" (Mateus 22:37-39)

Somente os maus são incapazes de se compadecer da dor alheia. Assim como ele amou o mundo de tal maneira que deu a vida de seu único Filho para nos tirar da lama do pecado e desviar nossos passos do precipício para onde seguíamos cegos e sem ter quem nos livrasse. Assim Deus requer que venhamos a agir com nosso próximo, provando aos que nos observam que somos realmente seus filhos e imitadores. "

Ouvistes o que foi dito: Amarás o teu próximo e odiarás teu inimigo. Eu, porém, vos digo: Amai vossos inimigos e orai pelos que vos perseguem, para que vos torneis filhos do vosso Pai Celeste, porque ele faz nascer o seu sol sobre os maus e os bons. E vir a chuva sobre os justos e injustos. Porque, se amardes os que vos amam que recompensa tereis? Não fazem, também, os publicanos o mesmo? E, se saudardes apenas os vossos irmãos, que fazeis de mais?

Não fazem os gentios, também, o mesmo? Portanto, sede vós perfeitos como perfeito é o vosso Pai Celeste" (Mateus 5:43-48) O amor ao próximo não é apenas uma característica dos salvos em Cristo. Daqueles que se converteram a uma religião ou professam alguma fé. É um dever de todos nós, seres humanos, afim de que possamos viver em paz e permitir que haja paz na terra. Além do que é um mandamento divino que deve ser colocado em prática por quem declara ao mundo em redor que é um filho de Deus. "Aquele que diz estar na luz e não ama seu irmão, ainda permanece nas trevas. Pois, aquele que ama seu irmão permanece na luz e nele não há nenhum tropeço.

Mas aquele, porém, que odeia seu irmão está nas trevas, e anda nas trevas, não sabe para onde vai "(1 João 2:9-11) O amor do Pai por todos nós é eterno e incondicional, ou seja, não importa se correspondemos aos seus sentimentos ou não, independente disso ele continuará a nos amar eternamente. E é exatamente isto que ele requer de nós, seus filhos, que amemos a todos sem acepções.

Sem preconceitos ou apontando seus erros, sem usar esta ou aquela desculpa para tentar explicar razões para deixar de amar alguém. Todas possuem falhas e defeitos, nós mesmos não somos perfeitos. Por isso é inadmissível alegar qualquer motivo para odiar ou desprezar outra pessoa, seja ela quem for. Somos o mesmo barro usado pelo Oleiro do universo para nos criar(Gênesis 2:7;Jeremias 18:6)

Uns mais rebeldes e outros mais humildes, ricos e pobres, brancos e negros, uns muito importantes e aqueles sem nenhuma expressão...Porém todos da mesma origem. A única diferença que deve existir entre os seres humanos é a disposição em querer ou não amar a Deus, e isto será o ponto fundamental para deixar claro quem é e os que não são, por opção própria, os verdadeiros filhos de Deus.

Porque a vontade dele é que todos cheguem ao pleno conhecimento a verdade e sejam salvos. Porém, sabemos que isto não acontece como é seu desejo "pois todos pecaram e carecem da glória de Deus, podendo ser novamente justificados gratuitamente por sua graça, mediante a redenção que há em Cristo Jesus" (Romanos 3: 23,24) Se somos irmãos por ter sido gerados mediante a vontade do mesmo Pai, então devemos nos amar como ele mesmo tem nos amado, seguindo seu exemplo.

"Porque Cristo, quando nós ainda éramos fracos, morreu a seu tempo pelos ímpios. Dificilmente alguém morreria por um justo, pois pode ser que por uma boa pessoa alguém se atreva a morrer. Mas Deus prova o seu imenso amor para conosco, tendo Cristo morrido por nós, quando ainda éramos pecadores" (Romanos 5:6-8) Portanto, fica provado o incomparável amor de Deus pelo homem e o enorme dever que, como seus filhos pelo direito de adoção.

Através de Cristo Jesus, temos de igualmente amar nossos semelhantes, em gratidão por ele ter nos amado primeiro. Afinal, o pecado não deverá mais reinar em nossos corpos, visto que já fomos transformados em novas criaturas com o Senhor, mediante sua morte e ressurreição e, nesta nova vida que dele recebemos, devemos manifesta apenas a santidade nela alcançada e, como santos que seremos, não podemos deixar que o ódio, a indiferença.

Toda e qualquer aparência do mal nos domine ou volte a fazer parte de nossas existências. "Fomos, pois, sepultados com ele na morte pelo batismo, para que, como Cristo foi ressuscitado dentre os mortos pela glória do Pai, assim também andemos nós em novidade de vida...Sabemos isso: que foi crucificado com ele o nosso velho homem, para que o corpo do pecado seja destruído.

E não sirvamos mais o pecado como escravos...Não reine, portanto, c pecado em vosso corpo mortal, de maneira que obedeçais as suas paixões...'' (Romanos 6: 4,6,12) Esta é a certeza que todos os filhos de Deus devem ter, que ressuscitados estão do túmulo do pecado, através de Cristo, e que devem aprender a praticar o amor, para que sejam semelhantes a seu Pai que está no céu.

5.2 Humildade

"E disse: Em verdade vos digo que se não vos converterdes e não vos tornardes como crianças, de modo algum entrareis no reino dos céus. Portento, aquele que se humilhar como uma criança, esse é o maior no reino dos céus. E quem receber uma criança, em meu nome, a mim me recebe" (Mateus 18:3-5) Jesus Cristo foi, como homem, o exemplo maior de humildade.

Como autêntico Filho de Deus devia dar exemplos de paciência, saber obedecer e nunca revidar as afrontas de seus opositores. E isto ele sempre fez com bastante perfeição, até chegar ao Calvário. E todos aqueles que buscam viver piedosamente como verdadeiros filhos do Altíssimo, devem agir da mesma forma, para que todos possam ver a sua correta e humilde maneira de viver.

Com isto, glorificarem o nome do Criador. Se afirmamos que fomos salvos por Cristo e, mesmo assim, demonstramos a mesmas características de antes, agindo arrogantemente com nossos semelhantes, tratando-os com atitudes grosseiras, revidando mal por mal, semeando contenda, violência e inimizades por onde passamos, não podemos ainda querer manchar o nome de Deus, dizendo por aí que somos seus filhos.

174

Porém, não devemos confundir humildade com aspectos de tristezas, o povo de Deus tem motivos de sobra para ser feliz e essa felicidade deve ser, também, percebida pelos olhares do mundo. O Mestre ensinou que devemos amar nossos inimigos e orar por eles, para que se convertam de seus maus caminhos, assim deixarão de nos perseguir (Mateus 5:43,44) Pessoas humildes sabem perdoar, não guardam mágoas de quem lhes causou algum mal nem desejará vinganças.

O Senhor suportou os escárnios de seus opositores, perdoou a traição, ainda na cruz deu oportunidade de arrependimento a quem não merecia, intercedeu a favor daqueles que lhe espancaram e rasgaram sua carne com chicotadas cruéis. O que mais poderia ser dito aqui sobre a inigualável humildade de Cristo? Que apesar de ter ido pro madeiro e ali derramado seu sangue em favor de uma humanidade incrédula.

Que mesmo assim ainda lhe despreza, insiste em amá-la e querer a sua salvação. Quantas vezes desistimos de alguém por nos ter decepcionado, e nós, quantas vezes entristecidos o coração de Deus com nossas transgressões? Quando ensinou a seus discípulos para dar o outro lado da face para o agressor, estava insinuando que respondesse a agressão sofrida reagindo com humildade. E não apenas disse a eles como fazer, mas no momento certo fez na prática.

Permitindo que soldados romanos espantassem seu rosto sem demonstrar qualquer reação de defesa (Mateus 26:67) Pois bastaria uma ordem em cairia fogo do céu para os consumir, o seus anjos seriam enviados por seu Pai para defendê-lo. No entanto, escolheu ficar em silêncio, enquanto era cuspido e ultrajado por aqueles que se achavam no direito de puni-lo, sendo ele um inocente (João 19:4)

A humilhação do corpo físico fortalece o espírito do homem e lhe deixa em condições de sentir, com maior intensidade. O agir do Espírito de Deus em sua vida, pois ele não desprezará uma alma contrita (Salmo 51:17) aquela que vem a sua presença reconhecendo que nada pode ser ou fazer sem a sua ajuda(João 15:5b) Jesus Cristo é, para todos os que nele creem, como uma Videira Verdadeira e eles seus ramos. Assim como o galho quebrado de uma árvore seca e não pode mais dar frutos.

Da mesma forma todo aquele que dele se afasta perde a vida em si mesmo (João 15:4) Para que seja possível permanecer ligado a Deus, o homem precisa manter uma continua comunhão com ele, por meio da oração e da humilhação do ser interior, reconhecendo seu poder absoluto sobre todas as coisas. Devemos sempre orar como Davi, após pecar e humilhar-se diante do Senhor, Deus de Israel: "Compadece-te de mim, ó Deus, segundo a tua benignidade.

E a multidão das tuas misericórdias, apaga as minhas transgressões, lava-me completamente das minhas iniquidades e purifica-me do meu pecado, pois eu conheço as minhas transgressões e o meu pecado está sempre diante de mim...Pequei contra ti, contra ti somente, e fiz o que é mau perante os teus olhos, de maneira que serás tido por justo no teu falar e puro no teu julgar.

Eu nasci na iniquidade e em pecado me concebeu minha mãe. Eis que te comprazes na verdade no íntimo e no recôndito me fazes conhecer a sabedoria. Purifica-me com hissopo e ficarei limpo, lava-me, e ficarei mais alvo que a neve. Faze-me ouvir o júbilo e alegria, para que exultem os ossos que esmagastes. Esconde o rosto dos meus pecados e apaga todas as minhas iniquidades.

Cria em mim, ó Deus, um coração puro e renova dentro de mim um espírito reto. Não me expulses da tua presença nem me retires o teu Santo Espírito. Devolve-me a alegria da tua salvação e sustenta-me com um espírito voluntário. Então ensinarei aos transgressores os teus caminhos, e os pecadores se converterão a ti. Livra-me dos crimes de sangue, ó Deus da minha salvação, e a minha língua exaltará a tua justiça.

Abre, Senhor, os meus lábios e a minha boca manifestará os teus louvores. Pois não te alegras com sacrifícios, do contrário eu te daria; e não te agradas em holocaustos. Sacrifícios agradáveis a Deus são um espírito quebrantado. A um coração humilhado e contrito não o desprezarás, ó Deus..." (Salmos 51:1-17) Nesta oração, aquele que um dia foi chamado de "Um homem segundo o coração de Deus" reconhece a sua pequenez diante do Senhor e humilha-se, clamando pela misericórdia divina.

Aquela oração, feita de forma agradável. Por ser cheia de tristeza e pesar ao admitir seu erro, lhe garantiu o perdão e a restauração de seu reino, além de restaurar a comunhão perdida com o Senhor. Aqui podemos ver a importância que há num coração realmente contrito e humilhado. Ele desperta a misericórdia de Deus em perdoar todas as nossas iniquidades, devolvendo-nos a paz que precisamos.

5.3 Obediência

"Pois, sendo homem, a si mesmo se humilhou e foi obediente até a morte, e morte de cruz" (Filipenses 2:8)

Assim como Isaías foi escolhido por Deus para ser o profeta que anunciaria a vinda do Messias a este mundo. da mesma maneira Paulo foi separado para ter maior conhecimentos a respeito do Messias e de sua missão na terra. Antes, porém, foi o maior perseguidor da igreja e quem contribuiu para a morte de muitos cristãos, inclusive o fiel Estêvão, um dos primeiros Mártires da igreja primitiva. Sobre isto, o texto bíblico nos diz:

"E, ouvindo eles isto, enfureciam-se em seus corações, e rangiam os dentes contra ele. Mas ele, estando cheio do Espírito Santo, fixando os olhos no céu, viu a glória de Deus, e Jesus, que estava à direita do Pai.. E disse: Eis que vejo os céus abertos, e o Filho do homem, que está em pé à mão direita de Deus. Mas eles gritaram com grande voz, taparam os seus ouvidos, e arremeteram unânimes contra ele. E, expulsando-o da cidade, o apedrejavam. E as testemunhas depuseram as suas capas aos pés de um jovem chamado Saulo.

E apedrejaram a Estêvão que em invocação dizia: Senhor Jesus, recebe o meu espírito. E, pondo-se de joelhos, clamou com grande voz: Senhor, não lhes imputes este pecado. E, tendo dito isto, adormeceu" (Atos 7:54-60) Depois disso encontrou-se com o Senhor e converteu-se ao evangelho, passando a ser um dos perseguidos. Saulo de Társis, depois chamado Paulo.

Se tornou o mais dedicado apóstolo de Jesus no início da Era Cristã, e foi através dele que o evangelho foi pregado aos gentios, pessoas que não eram judeus, com suas viagens missionárias, e chegou até nós. Aquele que foi, e ainda continuar sendo até hoje, considerado o mais importante divulgador do evangelho entre os demais discípulos de Cristo, cumpriu seu ministério sob inigualável obediência ao Espírito Santo, ao ponto de declarar:

"Já não vivo eu, mas o Senhor vive em mim" (Gálatas 2:20 Seu maior objetivo sempre foi ser semelhante ao Senhor, tanto na santidade de sua alma como à humilhações de seu corpo e na obediência incondicional aos seus mandamentos. Paulo sofreu perseguições, calúnias, foi insultado, preso, torturado, levou as mesmas 39 chicotadas que Jesus sofreu de seus carrascos romanos, e com orgulho disse para os que duvidaram dele ter sido escolhido por Deus para exercer tão importante missão:

"Que de agora em diante ninguém me incomode, pois trago em mim as marcas de Cristo"(Gálatas 6:17) Autor de treze dos vinte e sete livros(cartas) do Novo Testamento, que foram enviadas para diversas igrejas fundadas durante seu largo ministério, um homem eloquente e dotado de altíssimo conhecimento, filho de pai romano e mãe judia, foi membro do mesmo sinédrio que tempos antes julgou e condenou o Filho de Deus a morte na cruz.

Falava fluentemente todos os idiomas de sua época, mesmo assim não se sentia superior aos irmãos na fé e admitia não ser nada sem o amor de Cristo:" Ainda que eu falasse as línguas dos homens e dos anjos, e não tivesse amor, seria como o metal que soa ou como o sino que tine. E ainda que tivesse o dom de profecia, e conhecesse todos os mistérios e toda a ciência, e ainda que tivesse toda a fé, de maneira tal que transportasse os montes, e não tivesse amor, nada seria.

E ainda que distribuísse toda a minha fortuna para sustento dos pobres, e ainda que entregasse o meu corpo para ser queimado, e não tivesse amor, nada disso me aproveitaria. O amor é sofredor, é benigno; o amor não é invejoso; o amor não trata com leviandade, não se ensoberbece. Não se porta com indecência, não busca os seus interesses, não se irrita, não suspeita mal.

Não folga com a injustiça, mas folga com a verdade. Tudo sofre, tudo crê, tudo espera, tudo suporta. O amor nunca falha, mas havendo profecias, serão aniquiladas; havendo línguas, cessarão; havendo ciência, desaparecerá" (1 Coríntios 13:1-8) Paulo era o homem ideal para colocar em prática o plano do Senhor para levar ao restante do mundo o evangelho que Pedro e os demais apóstolos mal conseguiam anunciar em Jerusalém. Por esta razão Ananias foi repreendido ao se negar em ir ao encontro dele para jurar-lhe a visão.

Após ter sido ferido pelo Senhor. Ele observou apenas as falhas e erros cometidas pelo ex perseguidor dos cristãos, não havia ainda se dado conta de que Deus pode transformar o mais vil pecador numa nova Criatura. E reescrever para ele uma nova história de vida: "E disse-lhe o Senhor: Levanta-te, e vai à rua chamada Direita, e pergunta em casa de Judas por um homem de Tarso chamado Saulo; pois eis que ele está orando.

E numa visão ele viu que entrava um homem chamado Ananias, e punha sobre ele a mão, para que tornasse a ver. E respondeu Ananias: Senhor, a muitos ouvi acerca deste homem. Quantos males tem feito aos teus santos em Jerusalém. E aqui tem poder dos principais dos sacerdotes para prender a todos os que invocam o teu nome. Disse-lhe, porém, o Senhor.

Vai, porque este é para mim um vaso escolhido, para levar o meu nome diante dos gentios, e dos reis e dos filhos de Israel. E eu lhe mostrarei quanto deve padecer pelo meu nome. E Ananias foi, e entrou na casa e, impondo-lhe as mãos, disse: Irmão Saulo. Senhor Jesus, que te apareceu no caminho por onde vinhas, me enviou, para que tornes a ver e sejas cheio do Espírito Santo. E logo lhe caíram dos olhos como que umas escamas, e recuperou a vista.

E, levantando-se, foi batizado (Atos 9:11-18) Saulo de Társis, o assassino de cristãos, havia tido um encontro com aquele que tem o poder de renovar todas as coisas e agora era totalmente submisso a vontade de Cristo. No decorrer de sua nova caminhada como representante das Boas Novas de salvação, Paulo enfrentou grandes adversidades, mas em todas foi vencedor, pois a fé que o movia era maior que a perseguição sofrida pelos inimigos da cruz.

Eram números os adversários que se levantavam para tentar impedir a caminhada que decidiu traçar rumo ao repouso celestial, porém, tinha plena certeza de que. E permanecesse fiel até o fim ganharia a coroa da vitória. (Apocalipse 3:11) Como um homem renovado, decidiu deixar para trás o passado de enganos em que viveu a maior parte da vida e passou a olhar apenas Pará frente, para o autor da sua fé, a quem devia a garantia de redenção conquistada no Calvário.

Não basta apenas aceitar a Cristo como Salvador, confessar seu nome publicamente, frequentar uma igreja ou fazer parte se uma religião. È necessário saber estar disposto a obedecer a voz do Espirito de Deus e saber cumprir cabalmente a sua vontade. Mesmo sendo Deus, Jesus soube obedecer às ordenanças do Pai até o fim, sua missão era vir a este mundo, e como homem padecer em favor da humanidade que, como ovelhas sem pastor.

Havia se desgarrados e não tinha quem as levassem de volta ao aprisco. Pela boca do profeta ele havia prometido resgatá-las, ele mesmo as traria de volta ao rebanho:" As fracas não fortalecestes, e a doente não curastes, e a quebrada não ligastes, e a desgarrada não tornastes a trazer, e a perdida não buscastes; mas dominais sobre elas com rigor e dureza.

Assim se espalharam, por não haver pastor, e tornaram-se pasto para todas as feras do campo. Porquanto se espalharam. As minhas ovelhas andaram desgarradas por todos os montes, e por todo o alto outeiro. Sim, as minhas ovelhas andaram espalhadas por toda a face da terra, sem haver quem perguntasse por elas, nem quem as buscasse. Portanto, ó pastores, ouvi a palavra do Senhor: "Vivo eu, diz o Senhor DEUS, que, porquanto as minhas ovelhas foram entregues à rapina, e as minhas ovelhas vieram a servir de pasto a todas as feras do campo.

Por falta de pastor, e os meus pastores não procuraram as minhas ovelhas. E os pastores apascentaram a si mesmos, e não apascentaram as minhas ovelhas". Portanto, ó pastores, ouvi a palavra do Senhor: Assim diz o Senhor DEUS: "Eis que eu estou contra os pastores; das suas mãos demandarei as minhas ovelhas, e eles deixarão de apascentar as ovelhas; os pastores não se apascentarão mais a si mesmos.

E livrarei as minhas ovelhas da sua boca, e não lhes servirão mais de pasto. Porque assim diz o Senhor DEUS: Eis que eu, eu mesmo, procurarei pelas minhas ovelhas, e as buscarei. Como o pastor busca o seu rebanho, no dia em que está no meio das suas ovelhas dispersas, assim buscarei as minhas ovelhas; e livrá-las-ei de todos os lugares por onde andam espalhadas, no dia nublado e de escuridão". E tirá-las-ei dos povos, e as congregarei dos países, e as trarei à sua própria terra.

As apascentarei nos montes de Israel, junto aos rios, e em todas as habitações da terra. Em bons pastos as apascentarei, e nos altos montes de Israel será o seu aprisco; ali se deitarão num bom redil, e pastarão em pastos gordos nos montes de Israel. Eu mesmo apascentarei as minhas ovelhas, e eu as farei repousar, diz o Senhor DEUS (Ezequiel 34:4-15)

E cumpriu o prometido, quando deixou seu trono de glória e o resplendor de sua majestade. Tornando-se um pouco menor que os anjos,.Para recuperar o que se havia perdido: " Tu o fizeste um pouco menor do que os anjos, De glória e de honra o coroaste, E o constituíste sobre as obras de tuas mãos"(Hebreus 2:7) O exemplo deixado por ele deve servir de incentivo a todos nós, que um dia abraçamos a causa do evangelho, os filhos de Deus devem ter, além do selo do Espirito, a marca da obediência como prova de sua eleição.

Assim como ele suportou, sem recuar, o martírio da cruz para onde foi enviado pelo Pai, afim de nos libertar das correntes do pecado, da mesma maneira devemos prosseguir nossa caminhada na vida cristã que dele recebemos, pois aquele que põe a mão no arado não deve olhar para trás (Lucas 9:62), nem agir covardemente para com seu Deus.

Parte 6 - O Que Deus Espera do Homem

Gênesis 18:18-19. *"visto que Abraão certamente virá a ser uma grande e poderosa nação, e nele serão benditas todas as nações da terra? Porque eu o escolhi para que ordene a seus filhos e a sua casa depois dele, a fim de que guardem o caminho do SENHOR e pratiquem a justiça e o juízo; para que o SENHOR faça vir sobre Abraão o que tem falado a seu respeito."*

Hoje vamos, especificamente, falar sobre o que Deus requer para fazer da nossa vida, do nosso lar, do nosso casamento, dias de céus na Terra. Deus disse que Abraão iria ter uma grande e poderosa Nação. Por que Deus escolheu Abraão para ser o pai de todos, na fé. E para ser o futuro do mundo em termos espirituais? Deus escolheu Abraão porque ele era um homem que vivia em Aliança com Deus e que cumpria a Sua Palavra.

Abraão era um homem que acreditava nas promessas de Deus, mesmo quando ele esperou contra a esperança. Abraão foi escolhido para ser o pai da vida espiritual de todos nós, porque a Palavra de Deus era a razão da sua vida. O seu sim era sim, e o seu não era não.

Essas foram as razões porque Deus o escolheu para ser a referência do mundo espiritual. Deus criou, em nosso Ministério, algo muito importante que foi a Revelação da Graça.

Com a Revelação da Graça, Deus pode exigir do homem total integridade. E mais do que isto: Deus quer que Seu povo, os homens evangélicos, os homens de Deus, sejam íntegros com a esposa, com a família. Homens que, como Abraão, vivam em Aliança com Deus. Deus quer e exige homens leais, fiéis a sua esposa, de caráter, que não vivam alienados na Igreja, que não vivam de costas para os ensinamentos de Deus, que não vivam alienados do cumprimento das regras divinas para a família.

É isso que Deus quer de cada um de nós, homens de Deus. Milhares de famílias têm se fragmentado porque não cumprem essas regras de ambas as partes. O divórcio tem sido uma tristeza dentro da obra de Deus, apesar de restritamente permitido, somente em caso de adultério ou de impiedade, maus tratos e agressões da outra parte. O adultério e a impiedade têm quebrado as regras da família. Há pessoas que se casam, tendo altas expectativas, mas não se preparam para casar.

E, em função disso, logo depois das primeiras semanas, dos primeiros meses, muitas vezes, o diabo já começa a lançar ideias de incompatibilidade de gênios entre o casal. Isso é inaceitável para a obra de Deus! Não podemos entender o que é o casamento sem entender o que é uma Aliança. Casamento é uma aliança. Aliança é a Palavra mais importante em toda a Obra de Deus. Deus não faz algo significativo sem primeiro fazer uma Aliança.

A Aliança é o fundamento, o alicerce da nossa relação com Deus. Aliança é o alicerce do cristianismo. Esse contrato, esse acordo, no qual Deus estabelece regras, diz que nós devemos cumpri-las e, em função disso, existe bênção para a nossa vida. Deus nunca quebrou uma Aliança. Ele fez várias delas, mas nunca quebrou nenhuma.

Vê o que diz Deuteronômio 7:9: *"Saberás, pois, que o Senhor teu Deus é Deus, o Deus fiel, que guarda a aliança. E a misericórdia até mil gerações aos que o amam e cumprem os seus mandamentos.* "Ora, uma geração, normalmente, é de cinquenta anos. Deus guarda até mil gerações, então Deus guarda cinquenta mil anos a Aliança que fez comigo e contigo. Lê o Salmo 89:34. Então, se Deus garante a Sua Palavra até cinquenta mil anos na minha vida e na tua vida, quer dizer que a Aliança de Deus é o solo onde floresce a Sua glória. É a chave do Antigo e do Novo Testamento.

Aliança é o segredo da Revelação divina, é o segredo do Poder de Deus, da prosperidade, da cura, da saúde; é a essência da salvação. Lê Colossenses 1:13-14. O que Deus quer, em primeiro lugar, de um evangélico? Deus quer um homem de Aliança, casado com uma mulher de Aliança. Tu sabes que, quando tu estás em acordo com Deus, quando tu cumpres e obedeces aquilo que Deus determina, a vida é uma bênção.

Amado, esse é o segredo de uma vida bem-sucedida. Aliança é o segredo de um casamento bem-sucedido. O que significa o casamento em aliança? É o acordo entre duas vontades que resultam numa só vontade. É por isso que o casamento é uma aliança. Duas pessoas, quando entram pelas alas da Igreja para irem ao altar, estão deixando o último estado de individualidade, aos olhos de Deus. A partir do momento em que elas dizem: "Sim", entram em aliança inseparável.

A Bíblia diz que elas se tornam uma só carne. E a Bíblia diz que só a morte pode separar. Quando um casal casa dentro das normas estabelecidas por Deus, esse casamento se torna indissolúvel, porque duas pessoas se rendem à vontade uma da outra, estabelecem um pé de igualdade para sempre. Quem não compreende isso, para mim, não deveria casar. Casamento é uma aliança de sangue, não pode ser quebrado. No Antigo Testamento, Deus levava tão a sério a questão do casamento, que a moça, para se casar, deveria ser virgem.

E, quando havia o rompimento do hímen, na sua primeira relação, e o lençol trazia a marca de sangue, aquela marca era a aliança do casamento. No Antigo Testamento, quem praticasse o adultério era apedrejado. Por quê? Porque quebrava a aliança. Quando nos casamos, fazemos uma aliança com a nossa esposa, com o nosso marido e com Deus. E Deus vai se lembrar dessa aliança eternamente. Diz Provérbios 6:32: *"O que adultera com uma mulher está fora de si; só mesmo quem quer arruinar-se é que pratica tal cousa."*

Ou seja, uma pessoa que quebra a aliança de um casamento está fora de si. Hoje, já não se apedreja mais como se fazia no passado, mas Deus têm as suas formas de corrigir essas situações. Quer ver o que acontece com uma pessoa que quebra essa aliança? Provérbios 28:9: *"O que desvia os seus ouvidos de ouvir a lei, até a sua oração será abominável. "*Um homem ou uma mulher que adultera, Deus não ouve mais as suas orações. Deus não responde a nenhuma súplica.

As bênçãos são cortadas. A prosperidade é cortada. Deus não ouve as orações, porque se quebrou a aliança do casamento. Aos olhos de Deus, o que estou te ensinando é sério. Quando alguém tem a ousadia de quebrar a aliança do casamento, traz ruína à sua vida, traz desastre à sua vida. Deus é misericordioso, mas não isenta a pessoa das consequências. Lê Romanos 1:28-32.

"E, por haverem desprezado o conhecimento de Deus, o próprio Deus os entregou a uma disposição mental reprovável, para praticarem cousas inconvenientes, cheios de toda injustiça, malícia, avareza e maldade; possuídos de inveja, homicídio, contenda, dolo e malignidade. Sendo difamadores, caluniadores, aborrecidos de Deus, insolentes, soberbos, presunçosos, inventores de males, desobedientes aos pais, insensatos, pérfidos, sem afeição natural e sem misericórdia. Ora, conhecendo eles a sentença de Deus, de que são passíveis de morte os que tais cousas praticam, não somente as fazem.

Mas também aprovam os que assim procedem." Quando uma pessoa está errada, ela procura a aprovação dos errados, e quando uma pessoa certa aprova o erro de uma outra pessoa, ela se torna errada. Tornam-se passíveis de morte. Sabes quantos maridos tiveram quebra de casamento e quantas mulheres contraíram doenças malignas e transmitiram-nas aos seus parceiros e a morte chegou à família?

Sexo seguro não é com camisinha. Sexo seguro é com o marido e com a esposa. Infelizmente, vivemos numa sociedade em que sexo é coisa fácil. Amado, sexo é para ser feito dentro do casamento. Quem faz fora do casamento é inconsequente, é passível de morte. O que Deus quer de um homem evangélico? Um homem de aliança e que seja um homem de fé. Diz a Palavra de Hebreus 11:8:

"Pela fé Abraão, quando chamado, obedeceu, a fim de ir para um lugar que devia receber por herança; e partiu sem saber para onde ia." Tu és um homem de Deus, deves ser um homem de fé. Tua mulher quer que tu sejas um homem de fé, acredite e obedeça. Noventa e nove por cento dos crentes acreditam na Bíblia, menos de nove por cento praticam-na. Há muita gente que acredita em tudo que eu digo, mas muito poucos vivem e praticam o que eu ensino. Lê Marcos 10:17-22. Tiago 2:19 diz:

"Crês, tu, que Deus é um só? Fazes bem. Até os demônios creem e tremem." Então, não é o crer. Lê Tiago 1:22. Muitos homens de Deus estão se enganando, porque, quando tu maltratas a tua esposa, não estás praticando a Palavra de Deus. Quando tu desonras a esposa, não estás praticando a Palavra. Muitos ainda não viram as promessas. Creem, mas não obedecem,

Por isso, Tiago 2:17 diz: *"Assim, também a fé, se não tiver obras, por si só está morta."* Quer dizer que eu posso acreditar em tudo, mas, se não cumprir a Palavra no que diz respeito à fé, no trato, na relação com a minha esposa, o que eu faço é morto. Muitas pessoas ainda não viram as promessas, porque não obedecem. Obedecer é melhor do que sacrificar.

Vamos ver o que diz I Samuel 15:22: *"Porém Samuel disse: Tem, porventura, o SENHOR tanto prazer em holocaustos e sacrifícios quanto em que se obedeça à sua palavra? Eis que o obedecer é melhor do que o sacrificar, e o atender, melhor do que a gordura de carneiros."* A obediência é muito melhor do que o sacrifício. Isaías 1:19 diz: *"Se quiserdes e me ouvirdes, comereis o melhor desta terra."* Tu precisas crer e ouvir Deus. Ou seja, toda pessoa que obedece a Deus recebe o melhor da parte de Deus. Meu amado, crê, confia e obedece. Pois não há outro caminho para a felicidade, para a saúde e para a prosperidade. Lê Deuteronômio 28:1-2, 11-13.

Eu digo como disse o meu colega na pesquisa que ele estava fazendo a respeito disso. Muitas pessoas chamam Jesus de Mestre, mas não O obedecem. Muitos dizem que Ele é a Luz, mas não O vêem. Muitos O chamam de minha vida, mas não O desejam. Muitos chamam Jesus de sábio, mas não seguem as Suas Palavras. Muitos chamam Jesus de querido, mas não O amam. Muitos O chamam de riqueza eterna, mas não têm coragem de pedir. Chamam de Deus Gracioso, mas não creem em Deus.

Chamam de Poderoso, mas não O servem. Chamam de Justo, mas não O temem. Chamam de Pai, mas não oram e não têm intimidade. Tu sabias que noventa e cinco por cento da Igreja de Cristo no Mundo não ora. Vinte e três por cento dos líderes oram dez minutos por dia. Um por cento ora de uma hora para cima. Deus quer que os homens sejam de aliança, de fé, crentes, obedientes. É isso que Deus espera de ti. Deus quer que tu ames e cuides de tua família. O que é uma família à luz da Bíblia?

É quando o marido e a mulher, casados, vivem debaixo do mesmo teto com os seus filhos ao redor da mesa em obediência ao Pai. Isso é família. Família é quando o marido e a mulher têm valores cristãos e obedecem a Deus e não aceitam os valores do mundo. Isso é família. Tu não podes aceitar, como homem de Deus, o homossexualismo, o lesbianismo, o casamento entre o mesmo sexo, o aborto livre, o divórcio por incompatibilidade de gênio.

Tu não podes aceitar, se não tu não és família. Há muita gente que tem um lar e uma casa, mas não tem família. Família é um lugar de amor, de união, de cuidados mútuos, de bondade, de fidelidade. Família é lugar de escola de oração. Família é uma escola de sabedoria. É na tua família que deve começar a Igreja. É na tua família que se ensina o que é bom, o que é mau, o que é aceitável, o que é rejeitável. É na família. Família são aquelas que aceitam os ensinamentos de Jesus, onde se compartilham alegrias.

Onde se compartilham tristezas, onde se ora juntos, onde se chora abraçados, onde pai e mãe se amam e se respeitam. Isso é família. Onde marido e mulher se respeitam, se reverenciam, onde não se ignoram os pais velhos. Não podemos aceitar que uma pessoa da Igreja chegue à velhice e seja deixada de escanteio, desculpe a expressão popular. Foi bom enquanto era novo e, depois que envelhece, é jogado num asilo. Quantos velhos estão aí atirados nos asilos tendo filhos engenheiros.

Com uma vida poderosa financeiramente, e, como papai é chato, é quadrado, colocam-no em um asilo de velhos e vão visitá-lo no natal. Isso não é família. Quem de nós admitiria saber que, ao chegar à velhice, vai ser abandonado pelos filhos? Isso é família de Deus? Deus espera isso de ti, meu amado? Não pode um homem da Igreja ignorar os velhos pais ou os velhos sogros. Família é onde as pessoas sentem que se pertencem. Família é onde se vê os anjos protegerem e abençoarem.

Porque se fala em casa de cristianismo. Família evangélica sabe que o amor é a coisa mais importante, e, durante as refeições e durante os encontros familiares não se fala mal da Igreja ou do Pastor para o irmão. Isso é família. É onde um homem ama uma mulher, é onde uma mulher ama um homem. Família é quando o homem deseja voltar para casa, porque é recebido por uma esposa que o honra. Isso é família. E é isso que vamos lutar para que aconteça em todos os lares. "Pastor e o que Deus está procurando mais em mim como homem, como pai, como marido?" Que tu sejas amoroso.

Efésios 5:25 diz *"Maridos, amai vossa mulher, como também Cristo amou a igreja e a si mesmo se entregou por ela,"*. Meu amado irmão, se tu não amas a tua esposa como Deus a ama, tu estás em rebelião contra Deus. Tu tens que amar a tua mulher como Cristo amou a Igreja. Tu pensas que Cristo ama pessoas perfeitas? Nenhum de nós é perfeito.

Muita gente vive dando desculpas para tudo. Agora, e o respeito à vida da mulher É muito simples. A mulher não foi feita para ser maltratada. Há muita gente com altas expectativas, mas não se prepara para nada, tem baixo preparo. Uma pessoa, quando namora, já sabe se a outra tem mau hálito, se não tem mau hálito, se tem chulé, se não tem chulé, se tem dente podre ou se não tem dente podre, se tem caspa ou se não tem caspa.

Quando a pessoa está namorando, não vê nada disso? Deus quer que os maridos sejam totalmente fiéis. Eu disse: totalmente fiéis. Totalmente quer dizer o quê? Quantos por cento? 101 por cento. Olha o que diz Malaquias 2:13-16: *"Ainda fazeis isto: cobris o altar do SENHOR de lágrimas, de choro e de gemidos, de sorte que ele já não olha para a oferta, nem a aceita com prazer da vossa mão. (14) E perguntais:*

Por quê? Porque o SENHOR foi testemunha da aliança entre ti e a mulher da tua mocidade, com a qual tu foste desleal, Sendo ela a tua companheira e a mulher da tua aliança. (15) Não fez o SENHOR um, mesmo que havendo nele um pouco de espírito? E por que somente um? Ele buscava a descendência que prometera. Portanto, cuidai de vós mesmos, e ninguém seja infiel para com a mulher da sua mocidade.

*(16) Porque o SENHOR, Deus de Israel, diz que odeia o repúdio e também aquele que cobre de violência as suas vestes, diz o SENHOR dos Exércitos; portanto, cuidai de vós mesmos e não sejais infiéis. "*Eis as duas formas restritas e muito tristes que Deus permite a separação.

Primeiro, quando há repúdio. Duas pessoas casadas, sendo que uma delas, por fora, mantém uma vida sexual com uma outra pessoa. Isso se chama repudiar. Não aceites ser humilhada. Tu és uma mulher imagem e semelhança de Deus. Não aceites ser pisada, não aceites violências, não é isso que é família de Deus. O que disse Deus a Abraão? Gênesis 18:19:

"Porque eu o escolhi para que ordene a seus filhos e a sua casa depois dele, a fim de que guardem o caminho do SENHOR e pratiquem a justiça e o juízo; para que o SENHOR faça vir sobre Abraão o que tem falado a seu respeito." O homem deve colocar ordem com a instrução bíblica.

Portanto, meu amado, se tu não lidares com tua esposa com a verdade, se tu abusares da esposa, ou a ignorares, ou fores desleal, isso é rebelião contra Deus. Tu vais perder tempo em orar, em ler a Bíblia, ou em ir à Igreja. Nada acontece na vida. Estamos na Igreja, debaixo do Espírito de Deus para corrigir isso tudo. A esposa não precisa ser maltratada, e tem muita gente que maltrata e, depois, manda perfumes. A esposa não precisa de perfume quando é maltratada. Cristo já é o teu perfume.

O aroma. E saibas de uma coisa, homem da Igreja: o Senhor é o defensor da tua mulher. Até que tu trates a tua mulher como Deus diz, nada vai prosperar. Eu vejo, às vezes, amado, os olhos de tristeza de algumas senhoras da Igreja. Tu olhas no semblante e vês: Essa senhora é maltratada, essa senhora é humilhada, é envergonhada. Somos evangélicos, amado, e eu queria terminar, dizendo: Marido, temos que amar as nossas esposas e os nossos filhos, como Cristo amou a Igreja.

E tu sabes que uma das coisas que destrói o relacionamento de um casamento é quando há egoísmo. Quando um homem e uma mulher se casam, se casam para dividir a vida. Um homem quer uma esposa para ter seus filhos, para ter seu prazer emocional, físico. O egoísmo não pode existir na vida de um casal evangélico. Outra coisa: a esposa precisa ter uma mesada.

Nem que seja pequena, mas precisa de mesada para se cuidar. Ela precisa ter uma parte que é dela. A mulher não precisa se humilhar para ter, o marido deve ceder e dar a parte da mulher para ela se cuidar. Amado, o que de melhor um homem pode fazer é amar sua espoa. Seus filhos ficarão imensamente gratos. Assim seja assim disse o Senhor! Glória a Deus!

Apóstolo Miguel Ângelo

Capítulo 7 - O Rompimento da Comunhão Com Deus

As vezes tratamos o pecado como um problema de pouca importância. Há até cristãos que chegam a menosprezá-lo a ponto de não se importarem com ele, imaginando que, depois de cometer o pecado, é pedir perdão e pronto. Tudo se resolve a pessoa está perdoada, com a conta zerada e pronta para pecar de novo e ser perdoada novamente e assim sucessivamente.

Mas será que é isso mesmo? Será que é a isto que deve nos conduzir o ensino de que onde abundou o pecado superabundou a graça (Rm 5.20)? Será mesmo que nenhum preço foi pago para garantir o perdão de nossos pecados? E o que dizer de nossa inimizade contra Deus? Existe reconciliação? Como ela acontece? Isso é o que veremos na lição de hoje.

I. O pecado: obstáculo à comunhão com Deus

O capítulo 3 de Gênesis tem muito a nos dizer sobre o pecado e suas consequências, bem como sobre o estado do ser humano antes e depois da Queda.

Na lição 1, vimos que, ao pecar, Adão caiu do estado de santidade em que havia sido criado. Isso trouxe variadas e graves consequências tanto para ele mesmo quanto para todos os seus descendentes. A maior e mais grave de todas as consequências do pecado foi o rompimento da comunhão entre Deus e o ser humano. Este rompimento pode ser visto já em Gênesis 3.8, quando o texto bíblico nos diz que, depois de haver pecado, Adão e Eva se esconderam da presença de Deus. Ao perceberem a aproximação de Deus, Adão e Eva, em vez de sentirem alegria, sentiram medo, desconforto e vergonha

Em vez de se alegrarem por se encontrarem novamente com o Senhor e, assim, fortalecerem sua comunhão com ele e desfrutarem dela, tomaram a iniciativa de se esconder de Deus, evidenciando que a comunhão com seu Criador havia sido quebrada. Embora a resposta de Adão ao chamado do Senhor pareça ser uma confissão de pecados feita por um homem humilde e contrito.

No entanto, foi simplesmente a reação de alguém que ainda não havia se arrependido pelo seu pecado. Observe que não há, na resposta de Adão, nenhum sinal de arrependimento pelo que havia feito. A única coisa que Adão confessa é seu sentimento de medo. No novo estado em que se encontrava por causa do pecado, sua preocupação era consigo mesmo e com seus sentimentos, não com sua relação com Deus e o estrago que o pecado fez nela.

O que se percebe é que ele havia tomado consciência de que, depois de sua desobediência, sua relação com Deus não era mais a mesma e, por isso, escondeu-se da presença do Senhor. Ele atribui o medo que estava sentindo à voz de Deus e ao fato de estar nu ("Ouvi a tua voz no jardim, e, porque estava nu, tive medo, e me escondi"), como se nunca antes tivesse ouvido Deus falar e nunca tivesse estado nu. Ele não reconheceu no pecado a causa de sua desgraça. E ainda precisou ser confrontado por Deus até que, no versículo 17, o Senhor fala abertamente com ele sobre seu pecado e lhe impõe punições.

Na verdade, havia ocorrido uma imensa mudança no estado do primeiro casal. O estado de santidade em que tinham sido criados deu lugar ao estado caído em que se encontravam por causa do pecado. Diante da resistência de Adão em admitir que havia sentido medo de Deus porque havia desobedecido a ordem que havia recebido.

Senhor pergunta: "Quem te fez saber que estavas nu?" (v. 11). Em outras palavras, Deus queria que ele reconhecesse qual tinha sido a fonte, a origem de sua culpa e de sua vergonha. Ele precisava reconhecer que a causa primária do rompimento de sua comunhão com Deus era o pecado. Este reconhecimento humilde e sincero é o primeiro passo para o arrependimento e o perdão providenciado por Deus em Cristo.

A esta altura, precisamos perguntar: As árvores podiam esconder Adão e Eva de Deus? Em outras palavras, afastar-se e esconder-se de Deus é uma solução eficaz para o pecado e suas consequências? É claro que não. Sobre a presença de Deus, o salmista diz: "Para onde me ausentarei do teu Espírito? Para onde fugirei da tua face? Se subo aos céus, lá estás; se faço minha cama no mais profundo abismo, lá estás também" (Sl 139.7-8).

O profeta Isaías diz que "as vossas iniquidades fazem separação entre vós e o vosso Deus; e os vossos pecados encobrem o seu rosto de vós, para que vos não ouça" (Is 59.2). O fato é que o pecado nos afasta de Deus, nos impede de enxergar Deus como gracioso e misericordioso e de ter prazer em sua presença. O pecado, por sua própria natureza, produz separação de Deus e, assim, traz consigo trevas, ignorância, erro, engano, medo, angústia, sentimento de culpa, pesar, miséria e escravidão.

II. Cristo: o restaurador da nossa comunhão com Deus

A inimizade que o pecado provoca entre nós e Deus é real e traz consequências devastadoras para todos os seres humanos. A maior destas consequências e nosso fracasso em cumprirmos o propósito para o qual fomos criados.

Que é glorificar a Deus e desfrutar dele para sempre. O desagrado de Deus por causa do nosso pecado é nosso maior fracasso. Além disso, o pecado traz consequências graves e danosas também para nossa vida. Por provocar separação entre nós e nosso Deus, ele nos separa da fonte de toda a vida e de toda a bem-aventurança, que é o próprio Deus. Em outras palavras, o pecado nos traz a morte (Rm 6.23) e não somente a morte física e espiritual. Mas também a morte eterna. A boa-nova do evangelho é que Deus, em Cristo, providenciou um meio totalmente eficaz para solucionar o problema do pecado. Este meio é a morte substitutiva de Cristo.

Tendo morrido em nosso lugar e suportado, em nosso lugar, a ira de Deus, ele ganhou para nós o perdão para nossos pecados. Paulo fala sobre isso vários textos. Um deles em Romanos 5.1-11. Neste texto, já no versículo 1 Paulo relaciona a obra de Cristo na cruz com o restabelecimento da paz entre nós e Deus: "Justificados... temos paz com Deus". A paz com Deus é uma bênção graciosa que recebemos da parte do próprio Deus por causa do sacrifício de Cristo.

Este estado de paz com Deus é resultante da remoção daquilo que fazia separação entre nós e Deus, consequentemente, provocava inimizade entre nós e Deus. Esta reconciliação foi realizada pela morte de Jesus. É preciso enfatizar que a reconciliação – e também a justificação – é um ato divino. É Deus, não o homem, quem produz a reconciliação, a mudança de inimizade em amizade.

Todavia, assim como é verdade que a justificação requer fé por parte do homem – a fé comunicada por Deus e por ele sustentada não deixa de ser, não obstante, a fé humana – assim também a reconciliação requer obediência por parte do ser humano. Aqui também é verdade que tal obediência é dom de Deus. No entanto, é o ser humano que obedece à exortação: "Rogamos que vos reconcilieis com Deus" (2Co 5.20). O texto é 2Coríntios 18.20 também trata da reconciliação entre nós e Deus.

Aqui, Paulo se preocupa em afirmar claramente que esta reconciliação é uma iniciativa de Deus. Embora a separação e a inimizade tenham sido causadas pelo pecado humano, a reconciliação é um ato soberano de Deus. No qual ele toma a iniciativa de apresentar uma solução definitiva para o problema do pecado: o sacrifício substitutivo de Cristo. Desta forma, "tudo provém de Deus".

Isto é, ele toma a iniciativa de desfazer a inimizade criada pelo pecado humano, ele providencia a forma pela qual esta reconciliação pode ser realizada de modo harmonioso com sua justiça e sua santidade e ele até mesmo envia ao mundo mensageiros encarregados de anunciar o evangelho da reconciliação. Toda esta obra da parte de Deus foi necessária para que não apenas as consequências desta inimizade, mas a sua raiz, sua causa primária.

Fosse definitivamente vencida: o pecado. Pelo pecado, o ser humano se coloca em ativa rebelião contra Deus e se torna inimigo de Deus. Esta inimizade é vista no fato de que, por meio do pecado, o ser humano tenta se colocar não no lugar de outra criatura, mas no lugar do próprio Criador. Deseja ser seu próprio deus, tornando-se o árbitro e o controlador de sua própria vida, tornando-se, assim, merecedor da ira de Deus.

Demonstrando sua graça e sua misericórdia, o Senhor toma a iniciativa, mesmo sendo a parte ofendida, de vir em direção ao ser humano e fazer tudo o que era necessário para que a reconciliação fosse feita. Em Colossenses 1.18-22, Paulo mais uma vez retoma o tema da reconciliação. Mostrando que foi do agrado de Deus não apenas criar todas as coisas, no céu e sobre a terra, por meio de Cristo (Cl 1.16), mas também reconciliar "consigo mesmo todas as coisas, quer sobre a terra, quer nos céus" (v. 20). Por causa do pecado, o universo foi envolvido em uma inimizade contra seu Criador e precisa ser reconciliado com ele.

O pecado humano atingiu não apenas os seres humanos, mas toda a criação – "maldita é a terra por tua causa" (Gn 3.17). "Sabemos que toda a criação, a um só tempo, geme e suporta angústias ate agora" (Rm 8.22) – e a obra reconciliadora de Jesus tem seus efeitos sobre toda a criação. O pecado arruinou o universo. Ele destruiu a harmonia entre as criaturas e Deus e entre as criaturas entre si.

A provisão para o restabelecimento da paz foi feita em Cristo e a paz eterna e infinita será definitivamente estabelecida no dia da consumação da obra redentora de Cristo.O pecado não é um problema pequeno e de pouca importância, mas uma rebelião gravíssima contra Deus e seu governo e tem sérias consequências para toda a vida humana e para toda a criação de Deus.

O problema do pecado é algo tão sério e tão grave que nenhum ser humano jamais conseguiu nem conseguirá se livrar dele pelos seus próprios esforços. No que depender de nós, nossa inimizade contra Deus é eterna.

No entanto, Deus, pela grandeza de sua graça, tomou a iniciativa de vir ao nosso encontro e promover a reconciliação pelo sangue de seu Filho. O derramamento do sangue de Cristo foi o preço pago pela nossa reconciliação com Deus, o que nos mostra o quanto nosso pecado é grave aos olhos de Deus e o quanto ele nos ama.

Aplicação

A inimizade causada entre nós e Deus pelo pecado é um problema tão grave e tão sério que, para promover a reconciliação, o Senhor teve que tomar a iniciativa e realizar toda a obra, inclusive realizar a justificação por meio do sangue de Cristo. Você percebe o quanto foi alto o preço pago para que seus pecados fossem perdoados e sua reconciliação com Deus fosse efetuada em Cristo? Isso traz alguma implicação para sua vida diária? Qual? — Publicado na Revista Palavra Viva – *Os seres humanos e a queda*, 4° trimestre 2010 >> Autoria das Lições: Vagner Barbosa

Parte 8 - O Que Deus Espera de Nós?

Se você é como muitos cristãos, você deseja viver uma vida que agrada a Deus. Só que ao mesmo tempo, sejamos honestos, você fica cansado de tentar viver a vida cristã. É que, às vezes, a pressão parece ser grande demais, não parece? Quando eu era ateísta, o pecado nunca representou um problema para mim. Eu particularmente não tinha consciência do pecado. Na verdade, eu nem sentia culpa.

Mas quando me tornei cristã... uau! Descobri que havia coisas que eu estava fazendo que Deus não queria na minha vida. Também aprendi sobre a necessidade de amar os outros, de ler a Bíblia, de orar, de testemunhar, de discipular, etc. E muitas vezes pensei: "Era muito mais fácil ser ateísta". Mas agora que eu conhecia a Deus.

Sentia um tremendo senso de responsabilidade de agradá-lo com a minha vida. Eu lia a Bíblia, encontrava um mandamento, e parecia que versículo após versículo eu era capaz de dizer com toda honestidade: "É, boa ideia. Preciso por isso em prática mais vezes". Felizmente, Deus me ensinou algo nas Escrituras que me libertaram de vez dessa mentalidade.

De tentar ser altamente responsável, de estabelecer propósitos, para que eu pudesse enxergar Deus de novo e ter prazer no meu relacionamento com ele. Há um princípio importantíssimo nas Escrituras que encontramos em Romanos, Gálatas, Efésios, 1 e 2Coríntios — na verdade, em todo o texto bíblico:

Deus não exige de você perfeição. Deus não espera que você se prove capaz. Deus nunca pensou que você pudesse viver a vida cristã, e nem tinha a expectativa de que você realmente conseguisse cumprir seus santos requisitos. Se ele achasse que você conseguiria, ele não teria vindo ao mundo para morrer por você. Mas ele veio. Jesus disse às multidões: "Portanto, sejam perfeitos como perfeito é o Pai celestial de vocês (Mateus 5:48)".

É então verdade que as leis de Deus, seus mandamentos, exigem perfeição. E se o parâmetro para sermos aceitos por Deus fosse o modo como vivemos de acordo com seus mandamentos, teríamos de ser perfeitos. Não é de admirar que Jesus tenha vindo nos salvar da condenação pelos nossos pecados. Deus tem consciência do abismo entre sua perfeição e nossa impiedade.

Mesmo sendo cristãos, há uma tensão constante dentro de nós para que tentemos estreitar esse abismo, para que assim nos sintamos mais confortáveis, mais perto de Deus. Algumas pessoas tentarão estreitar esse abismo procurando baixar os padrões de Deus "Deus não está realmente dizendo..." Outras tentarão estreitar esse abismo buscando melhorar seu desempenho: "Vou me esforçar mais..."O que Deus diz sobre esse abismo? Ele existe e sempre existirá. Mas você que colocou sua fé em Jesus, que o recebeu em sua vida, que foi perdoado, declarado justo, que é precioso aos seus olhos e que se entregou aos seus cuidados — você é completamente dele.

E ele o ama incondicionalmente, apesar desse abismo. "Tendo sido, pois, justificados pela fé, temos paz com Deus, por nosso Senhor Jesus Cristo, por meio de quem obtivemos acesso pela fé a esta graça na qual agora estamos firmes."[1]No entanto, provavelmente chegará um momento em sua vida em que você terá certeza de que Deus agora quer algo em troca.

O objetivo deste artigo é evitar que você caia na armadilha de sentir que é sua responsabilidade agora satisfazer as expectativas de Deus. As Escrituras alertam contra isso, pois essa atitude roubará de você a alegria de conhecer a Cristo. Vamos então olhar com seriedade para o que Deus diz a respeito do nosso relacionamento com ele. Observemos as normas básicas, ou seja, o que ele diz sobre o nosso relacionarmos com ele.

Como você se tornou cristão?

Quando você se tornou cristão, veja quanta responsabilidade coube a Deus nesse processo comparado com o que seus próprios esforços realizaram:

- Deus escolheu você antes da fundação do mundo e o chamou para ser dele.[2]
-
- Deus veio ao mundo por você.[3]
-
- Deus morreu pelos seus pecados.[4]
-
- Deus se certificou de que alguém explicasse o evangelho para você.[5]
-
- Deus se ofereceu para entrar na sua vida.[6]
-
- Deus colocou em você o desejo de conhecê-lo e de obedecê-lo.[7]
- Você se voltou para ele e o recebeu.

Deus entrou na sua vida, declarou que você agora está justificado e perdoado, e o chamou de filho.[8]Você se tornou cristão simplesmente ao responder a Deus em fé. E é exatamente dessa forma que ele quer que você viva a vida cristã — simplesmente respondendo a Deus em fé. O peso da responsabilidade (e da capacidade) fica com Deus.

Talvez você esteja pensando: "Isso parece bem simples. Onde está o problema?" O problema é que quase todo cristão tropeça uma vez ou outra nisso. Por quê? Faz parte da natureza humana achar que devemos alguma coisa a Deus pelo o que ele nos deu.

É também da natureza humana achar que agora que você sabe um pouco de Bíblia, agora que você sabe um pouco sobre oração, ou agora que você entende um pouco sobre falar de Deus aos outros, que esse então é o momento de assumir a responsabilidade de ser um "bom cristão". Não há nada que acabará mais rapidamente com sua alegria de conhecer a Deus.

E se você não chegar a esta conclusão errada de que você deve empenhar seus próprios esforços para satisfazer a Deus, outros cristãos, infelizmente, serão muito eficazes em fazer você se sentir culpado e pressionado a obedecer melhor a Deus. Este artigo (espero) lhe dará entendimento bíblico sobre como viver a vida cristã sem que você comece a sentir o peso das falsas expectativas de satisfazer a Deus.

Você verá como Deus o ama profundamente e como ele quer que você se relacione com ele. Deus não estabeleceu que seu relacionamento com ele esteja subordinado a você, mas sim a ele mesmo. Deixe-me ilustrar isso com alguns versículos:

De que forma somos aceitáveis diante de Deus?

Você foi declarado perdoado pela graça de Deus (sua bondade), por meio da morte de Jesus por você. Você recebeu o dom do perdão quando creu que Jesus pagou pelos seus pecados, certo? Você não fez nada para merecer esse perdão. Você simplesmente creu em Deus quando ele disse que havia lhe perdoado.

"Mas quando se manifestaram a bondade e o amor pelos homens da parte de Deus, nosso Salvador, não por causa de atos de justiça por nós praticados, mas devido à sua misericórdia..."[9]

"Nele temos a redenção por meio de seu sangue, o perdão dos pecados, de acordo com as riquezas da graça de Deus, a qual ele derramou sobre nós com toda a sabedoria e entendimento."[10]Muito bem, agora que você é cristão, por acaso as regras mudam? Será que Deus tem agora uma longa lista de expectativas que ele espera que você satisfaça? Não! Mas agora você deve estar pensando:

"Como assim? A Bíblia está REPLETA de mandamentos. É impossível ler um parágrafo e não encontrar um mandamento". É verdade. Mas ao mesmo tempo em que Deus lhe dá mandamentos, ele também lhe diz que você não conseguirá obedecer a todos. Na verdade, ele diz que o quanto mais você se esforçar em tentar obedecê-los, mais você verá o seu pecado.[11]

E o quanto mais tentar, mas se sentirá um fracassado, merecedor do julgamento e da condenação de Deus, e assim mais distante você se sentirá dele. O apóstolo Paulo fala sobre essa frustração que ele também sentia. Ele olhou para a lei de Deus e disse: "De fato a lei é santa, e o mandamento é santo, justo e bom".

Mas, embora Paulo tentasse viver de acordo com ela, ele continuava pecando. Ele disse: "Porque tenho o desejo de fazer o que é bom, mas não consigo realizá-lo. Pois o que faço não é o bem que desejo, mas o mal que não quero fazer, esse eu continuo fazendo".[12] E sentindo-se completamente frustrado e ele declarou: "Miserável homem eu que sou! Quem me libertará do corpo sujeito a esta morte?" A solução dele: "Graças a Deus por Jesus Cristo, nosso Senhor!"[13]

Os sentimentos de fracasso, pecado e condenação precisam ser confrontados com as Escrituras. "Portanto, agora já não há condenação para os que estão em Cristo Jesus."

"Se quando éramos inimigos de Deus fomos reconciliados com ele mediante a morte de seu Filho, quanto mais agora, tendo sido reconciliados, seremos salvos por sua vida!"[15] Então, quando você olhar para os mandamentos de Deus, não tente obedecê-los por conta própria, mas em vez disso peça a Deus, que vive dentro de você, para capacitá-lo a obedecer. Se Deus nos diz para amarmos uns aos outros.

A intenção dele não é que você saia por aí determinado em cumprir essa entusiasmante missão e provar para Deus o quanto você é capaz de ser amoroso. Em vez disso, ele quer que você dependa dele: "Deus, eu peço que você, que mora no meu coração, me ajude a ver esta pessoa como você a vê. Coloca no meu coração um amor como o seu por essa pessoa.

Eu não posso amá-la com as minhas próprias forças, mas peço que você produza o seu grande amor por ela em mim".É a diferença entre tentar satisfazer as exigências de Deus por conta própria, em vez de depender dele e confiar nele para que ele viva por meio de você. Nós não amadureceremos e nos tornaremos independentes de Deus. Alcançamos a maturidade apenas quando permanecemos dependentes dele. É assim que ele quer que seja.

Ele quer que você tenha prazer na liberdade e no amor de estar num relacionamento com ele, confiando nele, dependendo dele. Deus não espera que você tente satisfazer todas as suas exigências com perfeição.A Bíblia se refere aos mandamentos de Deus como "a Lei". Agora que você é cristão, você não está mais debaixo da Lei ou do julgamento e da condenação de Deus, pelo contrário, você recebeu perdão e vida eterna.

Você foi liberto das exigências da lei. Paulo disse: "...sabemos que ninguém é justificado pela prática da lei, mas mediante a fé em Jesus Cristo. Assim, nós também cremos em Cristo Jesus para sermos justificados pela fé em Cristo, e não pela prática da Lei, porque pela prática da Lei ninguém será justificado".[16] Quanto tempo e energia Paulo gastou se concentrando nos mandamentos de Deus e tentando cumpri-los? "...eu morri para a Lei, a fim de viver para Deus.

Fui crucificado com Cristo. Assim, já não sou eu quem vive, mas Cristo vive em mim. A vida que agora vivo no corpo, vivo-a pela fé no filho de Deus, que me amou e se entregou por mim. Não anulo a graça de Deus; pois, se a justiça vem pela Lei, Cristo morreu inutilmente!"[17]Antes de receber Jesus, você estava distante de Deus. Era capaz apenas de conhecer os seus mandamentos e estava sujeito ao julgamento de Deus. Mas agora você conhece a Cristo e o Espírito dele habita em você. Deus disse: "Porei as minhas leis em seu coração e as escreverei em sua mente".

E mais à frente ele diz: "Dos seus pecados e iniquidades não me lembrarei mais".[18] Então, em vez de a Lei estar fora de você, pairando suas demandas sobre sua cabeça, Deus a colocou dentro do seu coração. À medida que o Espírito Santo o transforma, ele lhe dá o desejo crescente de fazer aquilo que agrada a Deus. Com o passar do tempo, conforme você for crescendo no seu relacionamento com Deus, ele continuará a lhe dar o desejo e a capacidade de viver uma vida santa diante dele.

"Pois vocês são salvos pela graça, por meio da fé, e isto não vem de vocês é dom de Deus; não por obras, para que ninguém se glorie. Porque somos criação de Deus realizada em Cristo Jesus para fazermos boas obras, as quais Deus preparou antes para nós as praticarmos."[19] Deus tem um plano para sua vida. Ele quer usar a sua vida para o bem dos que estão à sua volta e para a glória dele. Seu relacionamento agora é com Deus, com a vida dele que habita dentro de você e que produz boas obras em você.

O que fazer com o pecado?

Tenho agora uma pergunta para você: E se você pede a Deus que produza algo em sua vida ou que o liberte de um pecado em particular. Mas você continua a lutar contra isso? E se você ainda manifesta seu temperamento ruim? E se você ainda cede a tentações, ou se você se pega deixando de orar ou de ler a Bíblia como deveria fazer?

O que acontece? Seria agora o momento de começar a tomar a responsabilidade pela sua vida cristã e então dar o melhor de si? Não! O momento em que você começar a tentar satisfazer as exigências de Deus, mais você verá o seu fracasso, mais se distanciará de Deus e menos prazer terá em conhecê-lo.

É fácil para nós cristãos pensarmos que Deus recompensa o nosso esforço porque é assim que toda a nossa sociedade funciona: seja responsável, trabalhe duro, dê o seu melhor... e você será recompensado. Um cristão é capaz de olhar para os mandamentos na Bíblia e pensar: "Sim, se eu tentar o suficiente, posso conseguir cumprir isso".

E esse cristão terá muitas frustrações pela vida, pois a Bíblia diz que manter o foco na Lei só produz uma coisa: uma consciência maior do nosso pecado. "Deus não estabeleceu que seu relacionamento com ele seja baseado em esforço e recompensa. Em vez disso, Deus quer que você confie nele para gerar em sua vida aquilo que agrada a ele. Enquanto você viver neste mundo, você pecará. Você nunca será perfeito nesta vida.

E não é só você que sabe disso, Deus também. À medida que você reconhecer o pecado em sua vida, confesse-o e creia no que Deus lhe prometeu: "Se afirmarmos que não temos cometido pecado, fazemos de Deus um mentiroso, e a sua palavra não está em nós."[20]

Seja paciente enquanto deixa Deus transformar você

Concentre-se em conhecer a Deus. Busque conhecê-lo mais por meio da oração, da leitura da Bíblia, da comunhão e do aprendizado com outros cristãos — tudo isso é bom. A sua fé não deve depender dos seus esforços, mas sim da habilidade de Deus de trabalhar na sua vida. Jesus disse que é como as uvas que crescem na videira.

Jesus é a videira, e ele disse que nós somos os ramos: "Permaneçam em mim, e eu permanecerei em vocês. Nenhum ramo pode dar fruto por si mesmo, se não permanecer na videira. Vocês também não podem dar fruto, se não permanecerem em mim".[21] Jesus disse ainda: "Como o Pai me amou, assim eu os amei; permaneçam no meu amor".

E quanto ao que Jesus diz sobre "obedecer a tudo o que eu lhes ordenei"?

A maneira certa de viver — a maneira pela qual você terá uma vida mais abundante, como Jesus havia dito, e ficar mais facilmente convencido do amor dele por você — é fazendo o que ele diz. Jesus disse: "Se vocês obedecerem aos meus mandamentos, permanecerão no meu amor, assim como tenho obedecido aos mandamentos de meu Pai e em seu amor permaneço.

Tenho lhes dito estas palavras para que a minha alegria esteja em vocês e a alegria de vocês seja completa".[23] Ele quer que você viva de acordo com o que ele diz que é certo e, assim, experimente o seu amor e tenha alegria em ser cristão. A maneira de obedecer aos mandamentos dele é confiar nele à medida que ele for dando a você esses mandamentos.

Então, quando me deparo com um versículo na Bíblia onde Deus diz "Faça isto...", eu imediatamente digo a Deus: "Boa ideia. Eu quero que minha vida o agrade e peço que você produza isso em mim por meio do seu Espírito Santo. Dá-me a capacidade de obedecê-lo dessa maneira. Deus, não há nada de bom à minha espera se eu achar que posso, com as minhas próprias forças, obedecê-lo. Mas peço que você mude a minha maneira de pensar.

Ou trabalhe na minha vida da maneira que você achar necessário para que a minha vida reflita o que diz este versículo". E então não me preocupo mais com isso. Depois, talvez, eu copie esse versículo e tente compreendê-lo melhor, reflita um pouco sobre ele e até o memorize. Mas minha fé para cumprir o que esse versículo diz permanece em Deus. Ele libertou você das exigências da Lei e agora o convida para descansar nele, depender dele. Só assim você poderá desfrutar completamente da intimidade de conhecê-lo.

"Assim, meus irmãos, vocês também morreram para a Lei, por meio do corpo de Cristo, para pertencerem a outro, àquele que ressuscitou dos mortos, a fim de que venhamos a dar fruto para Deus."[24] "Mas agora, morrendo para aquilo que antes nos prendia, fomos libertados da Lei, para que sirvamos conforme o novo modo do Espírito..."[25] "Porque o fim da Lei é Cristo, para a justificação de todo o que crê."[26]"Todavia, àquele que não trabalha, mas confia em Deus, que justifica o ímpio, sua fé lhe é creditada como justiça."[27]

Marilyn Adamson

Parte 9 -*Amor Que Nunca me Abandona*

O texto para a nossa meditação nesta manhã se encontra em Rom. 8: 35, 38-39: "Quem nos separará do amor de Cristo? Será tribulação, ou angústia, ou perseguição, ou fome, ou nudez, ou perigo, ou espada?" "Pois estou convencido de que nem morte nem vida, nem anjos nem demônios, nem o presente nem o futuro. **Nem quaisquer poderes, nem altura nem profundidade, nem qualquer outra coisa na criação será capaz de nos separar do amor de Deus que está em Cristo Jesus, nosso Senhor.**"

O que significam estas palavras? **Não seriam estas as coisas mais prováveis de uma possível separação do amor de Deus?** Será que isto significa que nós podemos descansar seguros de que não importa o que nós fazemos. Nós seremos salvos? Será que isto significa que Deus nos amará independente de nossa resposta? **Segurança incondicional?** Por outro lado, isto significa que esta promessa só será cumprida se nós. em nossa própria força

Mantivermos nossa fé nele? Deus continuará a amar-nos, somente se nós continuarmos a amá-lo? Segurança condicionada às nossas fracas forças? Segurança condicional? Ou há mais do que isso em nosso texto? Vamos explorar esta questão, perguntando: O que Pode Realmente Separar-nos do Amor de Deus?

A 1ª questão é:

I – PODE O SOFRIMENTO SEPARAR-NOS DO AMOR DE DEUS?

Paulo pergunta: Rom. 8:35: "Quem nos separará do amor de Cristo? Será tribulação, ou angústia, ou perseguição, ou fome, ou nudez, ou perigo, ou espada?" Como vamos entender esta questão? Será que ele sugere que o sofrimento pode assim angustiar e derrotar-nos de tal modo que nós percamos nossa confiança em Deus? Isto pode e realmente acontece: É na calamidade, que alguns reagem pelo instinto.

Eles se revoltam imediatamente contra Deus; seus sentimentos para com Ele são severos e rebeldes. Conta-se que Lord Londonderry gritou maldições contra Deus, quando um prédio escolar desmoronou sobre os seus três filhos, que morreram instantaneamente. Mais tarde, ele escreveu em seu jornal estas palavras:

"Eu aprendi que o Todo-poderoso Deus, por motivos melhor conhecidos por Ele, agradou-Se em queimar minha casa na cidade de Durham. "É verdade que as pessoas algumas vezes reagem ao sofrimento amaldiçoando a Deus e perdendo a sua fé nEle. Contudo, Paulo não está falando aqui acerca de nosso amor por Deus, mas do amor de Deus por nós. Ele não está perguntando: "Será que o sofrimento nos impedirá de amar a Deus?"

Ele está perguntando: Será que o sofrimento impedirá a Deus de nos amar? Não! Será que Deus deixa de nos amar quando nós sofremos? A resposta é não! Estes sofrimentos não podem separar-nos do amor de Deus. Pelo contrário, Deus está mais próximo de nós quando nós sofremos. Nós tendemos a pensar que pelo fato de sermos cristãos, Deus deveria proteger-nos do sofrimento – da tribulação, da angústia, perseguição, fome, nudez, perigo ou espada. Assim, quando nós sofremos, nós pensamos que Deus nos abandonou.

O que Paulo está dizendo é que quando nós sofremos, isso não é por causa que Deus nos abandonou; Ele nos ama de modo especial em nosso sofrimento. A memória da Cruz e daquele que não poupou a Seu próprio Filho por nós deveria nos encorajar pelo fato de que tribulação, angústia, ou perseguição, ou fome ou nudez ou perigo ou mesmo a espada não podem separar-nos do eterno amor de Deus

Sakae Kubo, um professor de teologia em Wala Walla, USA, tinha uma filha de 14 anos, mas aconteceu um acidente, e ela morreu de modo imediato. Muitos anos mais tarde ele pode dizer: "A promessa de Rom. 8: 38 e 39 tem significado muito para mim através dos anos. Quando a minha filha morreu no acidente, a minha fé em Deus não vacilou, mas a pena e o sofrimento daquela experiência foram tão intensos que Deus não parecia estar tão perto.

"A única coisa que fica em minha memória do serviço funeral é a leitura bíblica. O ministro leu as palavras de Rom. 8:31-39, terminando em um clímax de triunfante afirmação e segurança que eu posso ouvir mesmo agora: "Porque eu estou bem certo de que nem a morte, ...poderá separar-nos do amor de Deus, que está em Cristo Jesus, nosso Senhor." "Disse mais ele: "Quando eu ouvi aquelas palavras.

Eu ainda não podia entender a razão daquela tragédia, mas meu coração foi fortemente aquecido com a presença do Pai e a segurança de seu eterno amor."

II – PODE O PECADO SEPARAR-NOS DO AMOR DE DEUS?

Vamos ler uma possível resposta em Isa. 59:2: "Mas as vossas iniquidades fazem separação entre vós e o vosso Deus; e os vossos pecados encobrem o seu rosto de vós, para que não vos ouça." Aqui lemos que o pecado e a iniquidade nos separam de Deus. Causam uma barreira, levantam um muro de separação entre o Criador e a criatura, entre Deus e o Seu povo. Mas foi o próprio Isaías que teve uma experiência, no início de seu ministério, aparentemente contrária a estas palavras.

Isaias 6:5: "Então disse eu: Ai de mim! Pois estou perdido; porque sou um homem de lábios impuros, e habito no meio de um povo de impuros lábios; os meus olhos viram o Rei, o SENHOR dos Exércitos." Isaías sente o seu pecado, ele se desespera, se considera perdido. Ele viu a glória de Deus. Será que ele seria fulminado, destruído, separado de Deus e do seu amor.

V. 6 e 7: "Porém um dos serafins voou para mim, trazendo na sua mão uma brasa viva, que tirara do altar com uma tenaz; E com a brasa tocou a minha boca, e disse: Eis que isto tocou os teus lábios; e a tua iniquidade foi tirada, e expiado o teu pecado".

Não, ele não foi abandonado, não foi separado. O seu pecado, ao invés de atrair a ira, atraiu a misericórdia e o perdão. Por causa de nosso pecado, não deveria ser surpresa se Deus fosse contra nós. Ele tem toda a razão para estar. Isso seria para nós justiça. Desde que nós temos escolhido andar por nossa própria vontade no caminho da desobediência e pecado. Nós merecemos a ira de Deus

Não a Sua graça, e a justiça demanda que nós recebamos o que nós merecemos. Mas Deus é mais do que um Deus de justiça. Ele é um Deus de misericórdia e amor. Mas então, o que significam as palavras de Isa. 59? De fato o pecado pode nos separar de Deus.

Entretanto, no próprio capítulo 59 de Isaías, o mesmo Deus que dizia que as iniquidades e pecados causavam separação entre Ele e o Seu povo, Ele mesmo estava tomando todas as providências para salvá-los. Leia comigo o verso 1: "Eis que a mão do SENHOR não está encolhida, para que não possa salvar; nem agravado o seu ouvido, para não poder ouvir".

Agora no verso 16: "E vendo que ninguém havia, maravilhou-se de que não houvesse um intercessor; por isso o seu próprio braço lhe trouxe a salvação, e a sua própria justiça o susteve". Está falando do Messias, Jesus Cristo. V. 20: "E virá um Redentor a Sião e aos que em Jacó se converterem da transgressão, diz o SENHOR" Pensemos em Adão. Adão pecou e foi separado de Deus. O pecado provocou uma separação. Mas a grande pergunta é: Quem se separou de quem? Adão foi quem se separou; não foi Deus quem se separou de Adão.

Foi Adão que se separou de Deus. Ele se desligou da Fonte da vida e começou a morrer. Ele pecou e começou a fugir de Deus. Portanto, a separação provocada pelo pecado foi pelo lado de Adão. Entretanto, o que fez Deus? Deus foi em busca de Adão: "Adão, onde estás?" A Sua voz se fez ouvir. Ele queria dizer a Adão que ele ia se sentir abandonado e separado, mas o Seu amor providenciara um Salvador, antes da sua Criação! Mas, agora entramos num dilema: se Deus é justiça, se Ele é tão puro de olhos que não pode ver o mal, não estaria Ele também separado de Adão?

De fato, pela justiça, Deus deveria. Se separar de Adão. Mas Deus não é só justiça, é amor também: pela misericórdia, Ele Se aproxima. Mas então, temos um Deus dividido entre o amor e a justiça. Como pode Deus estar separado e aproximado ao mesmo tempo? Esse dilema já havia sido resolvido, antes da fundação do mundo, quando o Cordeiro foi morto. A justiça seria aplicada em Cristo, a separação seria consumada em Cristo. Na Cruz, Ele disse: "Deus meu, Deus meu, por que Me abandonaste?"

"O castigo que nos traz a paz estava sobre Ele, e pelas Suas pisaduras fomos sarados". Portanto, o pecado não pode mais nos separar de Deus, que Se aproxima de nós através do sangue de Cristo. Se você clama pelo Seu sangue derramado, o sangue nos aproxima de Deus. Não importa o pecado que você tenha praticado.

Cristo Se separou de Seu Pai naquele dia do Calvário, para que você jamais se separasse do amor de Deus. Desse modo, à luz da disposição de Deus em nos perdoar, o pecado não nos separa de Deus. Ao dar Seu próprio Filho por nós, Deus mostrou que Ele faria o máximo para nos salvar. O amor de Deus é tão certo na Cruz que não importa o que aconteça.

Ele sempre nos amará. Nossos pecados não podem nos separar de Deus porque Ele não nos condena. Ele é nosso Juiz, mas se Ele está a nosso favor, se Ele nos justifica, quem poderia condenar-nos? Ao invés de separar-nos do amor de Deus, nossos pecados perdoados são realmente um sinal do amor de Deus. Nossos pecados perdoados nos mantêm lembrados de como Deus nos ama. Eles nos lembram que Deus não poupou a Seu próprio Filho, e fará qualquer coisa possível para nos guardar da queda, e nos levar a salvo para o Seu Reino.

O apóstolo Paulo já havia tratado desse assunto até o capítulo que estamos estudando. Depois de tudo o que ele explicou do cap. 1 até o cap. 8, ele não parece estar preocupado com o maior problema do homem, porque ele nem o menciona como algo que nos possa separar do amor de Deus.

Pense em alguma coisa terrível: pensou na morte? Paulo disse que nos dá a certeza de que a morte não pode nos separar do amor de Deus. Há alguma coisa mais terrível do que a morte? Pensou no pecado, que produz a morte? Pode o pecado nos separar do amor de Deus? Não! Por quê? Porque esse problema já está resolvido. Aliás, já no 1º verso, ele nos dá a garantia: "Agora, pois, já nenhuma condenação há para os que estão em Cristo Jesus.

Porque Ele morreu na Cruz do Calvário (Rom. 8:1-3). Portanto, Paulo nem menciona mais o assunto do pecado, como algo que pudesse nos separar de Deus. Se havia uma coisa terrível, a coisa mais terrível que pudesse nos separar do amor de Deus, esse problema ele dá como resolvido, porque nós estamos em Cristo, e todos os que estão em Cristo não têm mais condenação, estão livres e o pecado não terá domínio sobre nós.

Mas e se alguém pecar? Se um cristão cometer um pecado grave? Isso também já foi providenciado. Disse o apóstolo João: "Filhinhos, estas coisas vos escrevo para que não pequeis; se todavia alguém pecar, temos um Advogado junto ao Pai. Cristo Jesus, o justo, e Ele é a propiciação pelos nossos pecados." (1João 2:1-2). Portanto, o pecado não pode nos separar do amor de Deus.

III – PODEMOS NÓS MESMOS SEPARAR-NOS DO AMOR DE DEUS?

Em geral, nós interpretamos estes versos de Romanos 8 como se referindo somente ao que nós podemos esperar do lado de Deus. A implicação é que Deus não pode cumprir a Sua parte se nós não cumprimos a nossa. Isto seria o mesmo que dizer: Nada vai nos separar do amor de Deus, se nós mantivermos a nossa fé nele. Isto é verdade no sentido de que Deus não nos força a permanecermos Seus filhos. Isso não significa.

Contudo, que se nós somos salvos uma vez, nós somos sempre salvos, e não podemos desistir da entrega que fizemos há um tempo atrás. A Bíblia fala do trigo e joio crescendo juntos e dos peixes de todos os tipos apanhados na rede do Evangelho. E através de toda a Escritura achamos advertências contra cair em tentação e apostasia. A complacência que vem de um senso de absoluta segurança não é um ensino da Bíblia.

Contudo, muitas vezes nós vamos para o outro extremo. Como a possibilidade de cair é uma realidade, nós nos sentimos inseguros e vacilantes quanto ao nosso relacionamento com Deus e com Jesus Cristo. Mas se nossa salvação dependesse de nossos próprios esforços, nós não poderíamos ser salvos.

Mas ela depende daquele que está atrás de todas as promessas. Nós precisamos olhar para aquele que é poderoso para nos guardar de tropeçar e de cair (Jud. 24), Aquele que é Todo-poderoso para nos levar salvos por toda a eternidade ao Seu Reino. Temos que olhar par Jesus, o Autor e Consumador de nossa fé. A grandeza do amor de Deus é medida por duas coisas: a maneira em que Seu amor é expresso, e seu objeto.

1) Deus expressou Seu amor ao dar seu Filho único para habitar entre nós, e para morrer por nós. "Deus amou o mundo de tal maneira que deu o Seu Filho unigênito". (João 3:16). O amor de Deus é demonstrado na morte de Cristo por nós. Nós não podemos sequer começar a entender o que significa para Deus dar seu único Filho. Nós não podemos compreender o amor infinito, mas nós podemos entender que quando Deus deu o Seu Filho, Ele nos deu o Seu último dom. O máximo que Ele poderia nos dar. Qualquer coisa mais teria sido mais fácil. Deus não reteve nada para redimir-nos. Seu amor foi total.

2) A outra medida do amor de Deus é vista em seu objeto. Jonathan Edwards disse que o amor é mais marcante e maravilhoso e extraordinário, quando há uma grande distância entre o amante e o amado. A distância entre Deus e nossas almas é infinita.Para termos um pequeno vislumbre, uma pálida ideia do que significa para Cristo morrer pelo homem, imagine o que significaria exatamente para você se tornar uma lesma para salvar aquelas criaturas repugnantes!

E, contudo, a distância entre você e uma lesma é finita: somos ambos apenas criaturas.]A distância entre nós e Deus é infinita! Não admira que Paulo exclamasse: "Graças a Deus por Seu Dom inefável (inexprimível)!" (2Cor. 9:15). Paulo fala de nós como escravos de Deus e da justiça, mas este tipo de escravidão é a maior liberdade, como o poeta George Matheson escreveu. "Faze-me cativo, Senhor. Então, eu serei livre." Somos prisioneiros do amor de Deus. É difícil escapar da prisão com suas portas, seus portões, seus muros, e seus guardas, e é exatamente assim tão difícil escapar da prisão do amor de Deus. É possível abandonar a Igreja e cair, mas não é possível escapar da prisão do amor de Deus, como muitas vezes pensamos.

O amor de Deus é tão grande para conosco que não podemos simplesmente soltá-lo e esquecê-lo. Matheson escreveu: "Ó Amor que não me abandona!" Se alguém quer abandonar a Deus, deve saber que ele não será abandonado pelo amor longânimo e infinito de Deus expresso na Cruz do Calvário: "Ó amor que não me abandona!" Pense em Judas, e no amor de Cristo nos últimos momentos. Sua alma. Se angustiou num profundo anseio de salvar aquele homem. Cristo simplesmente não podia conceber a ideia de perdê-lo. Sofreu intensamente porque sabia que ele se perderia, apesar de tanto amor para salvá-lo.

O amor de Cristo era um amor que não desistia até o fim, quando ao ser traído, por Judas, lhe chama de "amigo": "Amigo, com um beijo trais o Filho do Homem?", mostrando o seu pecado e o seu perigo, mas ainda lutando por ganhar a sua amizade e o seu arrependimento. O amor de Deus é ilustrado pelo casamento, pelo amor de um esposo por sua esposa. É relativamente fácil casar-se, mas é muito mais difícil entrar em divórcio.

E quando aquele amante é Deus, um divórcio se torna centuplicadamente difícil. É relativamente fácil ser adotado como um filho de Deus; mas é muito difícil deixar a casa paterna. Deus nos persegue com um amor eterno. Ele disse isso em Jer. 31:3: "Com amor eterno Eu te amei; por isso com benignidade eu te atraí." Onde está a segurança do amor de Deus? Na sua palavra.

Ele disse: "Eu te amei". Isso é passado, isso aconteceu na Cruz do Calvário. Mas como o seu amor é eterno, Ele ainda diz: "Eu te amo!" e "Eu te amarei!" – no passado, no presente e no futuro! Você já foi atraído por esse maravilhoso amor que nunca falha? Pois será impossível escapar desse amor eterno. Davi tentou escapar desse amor de Deus, e cometeu muitos pecados e erros.

Mas o amor de Deus o perseguia, e parecia incapaz de deixá-lo, apesar de lhe aplicar tantos castigos e disciplinas. O Filho Pródigo abandonou seu pai e pensou que ele podia esquecer tudo a respeito dele. Mas o coração do pai de persistente amor perseguiu-o. Quando ele caiu em si mesmo e decidiu retornar a um pai que ele sabia que ainda o amava, o pai o viu ao longe e recolheu-o de volta dando-lhe as boas vindas sem reservas, e fazendo-lhe uma grande festa. O amor de Deus é assim. É difícil fugir desse amor.

Portanto, não é simplesmente que Deus nos amará somente se nós continuarmos a amá-lo. Ele nos amará independente de nossas decisões. Mas Ele também nos ajudará a continuar a amá-lo! Ele fará todo o possível para ter a nossa vontade, a fim de guardar-nos de cair. "Ó amor que não me deixa!" John Bunyan escreveu no seu livro "Graça Abundante": "Um dia, quando eu estava passando num campo, e senti um estrondo em minha consciência, temendo que nada estava certo.

Subitamente esta sentença caiu sobre a minha alma: "Tua justiça está no Céu!" " "Eu vi com os olhos de minha alma: Jesus Cristo à direita de Deus … é minha justiça. Assim, aquilo que eu era, ou o que quer que eu tenha feito no passado, não importam. Porque a minha justiça era o próprio Jesus Cristo." Hoje podemos nos unir ao apóstolo Paulo nesta confiante segurança.

De que nada será capaz de nos separar do amor de Deus em Cristo Jesus. O Sofrimento não pode nos separar do amor de Deus. O Pecado já está vencido na Cruz e, portanto, não pode nos separar do amor de Deus. O Nosso Próprio Eu, nós mesmos, jamais poderemos nos separar desse amor maravilhoso. Poderíamos cantar: "Não posso entender:

Nunca me deixará…"Dessa maneira, nós também estamos convictos de que nem o sofrimento, nem a morte, nem mesmo o pecado – nada poderá separar-nos do amor de Deus que está em Jesus Cristo. Mas como responderemos a este amor de Deus? Poderíamos nós amá-lo mais intensamente? Gostaria de fazer esse propósito?

Pr. Roberto Biagini

Capítulo 10 -As Duas Religiões Mais Populares – O Cristianismo e o Sexo

Mas realmente, as duas religiões mais populares são o cristianismo e o sexo. E o sexo não é entendido como uma religião, mas é de fato uma religião. É uma visão de mundo e uma ideologia. É um compromisso. É por isso que as pessoas vão dizer: "Eu sou gay. Eu sou hétero. Eu sou bi. Somos swings." Ou "Eu sou cristão." É uma identidade que abrange toda a sua vida.

Você se identifica pela sua sexualidade, suas inclinações sexuais, preferências e estilo de vida. É por isso que as pessoas dedicam-se a grupos / causas. Eles têm desfiles. Eles têm dias do orgulho gay. Eles têm sites, reuniões e angariação de fundos para promulgar uma certa ética sexual – eles têm até cruzadas evangelísticas para converter as pessoas a determinadas práticas sexuais - como em qualquer religião. A pergunta é: "Bem, porque o sexo é uma religião tão popular, com a devoção religiosa e a adesão?" Bem, é porque Deus fez nossos corpos para desfrutar o prazer sexual.

E a intenção de Deus era vincular um homem e uma mulher juntos no casamento. Mas, infelizmente, o sexo tem sido utilizado para fins pecaminosos. Steve Arterburn, que é um conselheiro cristão que escreve extensivamente sobre a questão do pecado sexual e de dependência sexual.

Diz isso, "O prazer sexual é uma das experiências humanas mais intensas. Fisicamente falando, quando um homem ou uma mulher chega à excitação sexual. Terminações nervosas liberam uma substância química no cérebro chamados opióides." Opióides significa 'parecido com ópio', e é uma boa descrição do poder da substância química.

Agora, veja isso "Além de uma experiência induzida por heroína não há nada é mais prazeroso do que sexo." A única coisa que é igual quimicamente, fisiologicamente, a relação sexual é a heroína. "Isso é uma coisa maravilhosa em um relacionamento conjugal comprometido, porque ajuda a ligação de duas pessoas e trazer a alegria de viver juntos e construir um relacionamento. Pode haver um lado negativo no prazer do sexo, no entanto.

Se acontecer experiências sexuais fora do casamento e experiências que são constantemente repetidas, um ato sexual pode deixar de ser um prazer simples e passar a ser um vício. Em vez de ser ligado com uma pessoa, você se torna ligado ao ato em si. Se as experiências sexuais são a pornografia, a sua carne ou seu corpo irá chamar instantaneamente as imagens que você viu para fins excitação. Estas imagens são estampadas em seu cérebro com a ajuda de hormônios liberados durante a excitação sexual. Deus quer que o sexo exista dentro do casamento.

Deus desenvolveu nossos corpos tanto físicas como anatomicamente em macho e fêmea, para desfrutar o prazer e para nos fazer desejar um ao outro dentro do casamento. Isso significa que a lascívia, por definição, é moralmente neutra. A lascívia é um desejo forte e apaixonado - um anseio por prazer. E isso pode ser uma coisa muito boa dentro do casamento." Se o seu desejo é para o seu cônjuge, você deseja o seu cônjuge.

Você gosta do seu cônjuge, você delicia-se com o seu cônjuge, você anseia pelo seu cônjuge - bem, isso é uma coisa perfeitamente santa e boa. Mas a lascívia em seu sentido negativo é cobiça por uma pessoa ou uma coisa ou uma experiência fora dos limites do casamento. Jesus diz que a lascívia em sua forma de pecado é, em última análise enraizada no engano do coração, o centro do que somos. Jesus diz em Mateus 5.

Que é um pecado cometer adultério, mas além disso ele disse que a lascívia em seu coração é cometer adultério em seu coração. E assim, a lascívia é o problema – o desejo pecaminoso – que leva a atividade/prática pecaminosa. Todo o sexo fora do casamento, é por decreto do próprio Deus, desde Gênesis até Apocalipse, profano e proibido. Isso incluiria a homossexualidade, a bestialidade, a bissexualidade, fornicação, adultério...

Estupro, poligamia, pornografia, prostituição, amigos com benefícios, pedofilia e incesto. Tudo isso é a lascívia de uma forma depravada, indo em direção ao pecado em vez do casamento. No Novo Testamento quando se fala de imoralidade sexual, a Bíblia usa a palavra grega "pornea", que é um termo que significa todo e qualquer tipo de pecado sexual.

Agora, vemos que isso é uma epidemia cultural. Alguns de vocês devem estar pensando: "Eu não quero falar sobre sexo e pecado sexual. Eu me sinto sozinho com esse problema. Estou isolado." Você não está sozinho. Isso é desanimador, mas de certa forma, dá permissão para sermos mais honestos. Mais dinheiro é gasto em pornografia no país a cada ano do que em música country, rock, jazz, música clássica, peças da Broadway, e ballets juntos.

É o passa-tempo favorito da América. É a maior religião, com a base de fãs mais devotados. Mais dinheiro é gasto em pornografia neste país a cada ano do que em baseball, basquete e futebol (incluindo o Super Bowl) juntos. DVDs adultos são vendidos a uma taxa de US $ 4 bilhões por ano. A indústria de filmes adultos cria 11 mil filmes para adultos a cada ano. O que é 20 vezes o número de filmes que são apresentados por Hollywood.

Há cerca de 2.500 clubes de strip tease nos Estados Unidos. Eles geram até US $ 8 milhões de dólares por ano de receita. A palavra mais pesquisada na Internet, em vários sites de busca. É sexo. Também na lista das 20 palavras mais procuradas é "pornografia", "nudez", "Playboy" e "histórias eróticas". 70% de todo o tráfego nos sites pornográficos da internet ocorre entre 09h da manhã e as 17h, enquanto as pessoas estão no trabalho.

Elas são incapazes de trabalhar porque eles estão consumidos pela luxúria pervertida e usam o expediente de trabalho para ver o que Deus proíbe.Esse é o mundo em que vivemos. O resultado é que a atividade sexual está inclinada a ser iniciada cada vez mais cedo. 61% dos alunos das escolas de ensino médio já tiveram relações sexuais.

Metade está sexualmente ativa. 21% tiveram quatro ou mais parceiros. No momento em que o aluno se forma no ensino médio, ele terá visto 15 mil horas de televisão, e só terá gasto 12 mil em sala de aula. Isso significa que a sua educação virá principalmente através da televisão.

Não da escola. Cada ano eles irão assistir 14 mil atos e referências sexuais na TV. E isso nos levou a uma nação inteira de viciados sexual. Não apenas de pessoas que são pecadores sexual, mas que são sexualmente viciadas. Considerando que, Paulo diz para não sermos dominados por qualquer coisa - eles são dominados por essa tentação sexual e por esse pecado.

O Vício Do Sexo

Somos informados de que entre 6 e 8 por cento dos americanos são viciados sexuais. Isso significa que entre 16 e 21 milhões de americanos são viciados sexuais. Isso significa que Mars Hill Church - pelo menos 5,600 pessoas estão viciadas em sexo. Somos uma igreja urbana, jovem, com muitos novos convertidos, provavelmente em algum lugar na categoria de 10 por cento.

Seria mais apropriado. E alguns diriam: "Mas não é isso principalmente uma questão entre os homens?" Não, é uma questão da mulher também. Vinte por cento dos que procuram ajuda para o vício sexual são do sexo feminino, e seu número está aumentando. Sobre o vício, existem vários tipos de vício. Em última análise, tudo isso vem do coração que está caído e depravado e tem desejos e anseios que são profanos. E isso pode se voltar para a comida, sexo, dinheiro, poder ou álcool.

Todos os tipos de manifestação de vício. Mas talvez para diagnosticar tal doença, você poderia fazer esses tipos de perguntas. Primeiro de tudo, o vício começa com tolerância. Esse é o primeiro passo. Você sabe que está errado, mas você aceita. Você não vê problema. Você aprende a viver com ele. Você desculpa-se. Em segundo lugar, então, há sintomas de abstinência. Se você não satisfaz esses desejos depravados, então você fisicamente e mentalmente começa a desejá-los fortemente.

E se não satisfazê-lo você fica deprimido, você se sente frustrado, você fica desejoso de um modo doentio. Que leva ao terceiro passo, e que é o autoengano. Você encontra uma maneira de torná-lo algo certo. Você está tentando enganar a si mesmo. Isso incluiria desculpas filosóficas, sociológicas, e se você é um cristão – até a criação de um raciocínio teológico bizarro que justifique o que é injustificável.

Isso pode incluir denominações inteiras que dizem que está tudo certo. Enquanto a Bíblia diz para não fazer sexo antes do casamento, não cometer adultério, não cometer atos de homossexualidade. Existem denominações inteiras que têm pastores gays, pastores sexualmente depravados, os bispos que estão tendo sexo fora do casamento e utilizam um raciocínio teológico e sociológico bizarro para justificar-se.

Alguns de vocês têm uma articulação mais cultural de sua defesa: "Estamos casados aos olhos de Deus." Não, você não está. "Bem, nós somos casados no nosso coração." Não, você não está casado. Você está praticando um pecado. "Bem, não é um grande problema. Nós somos adultos.

É o nosso corpo. Nós não estamos prejudicando ninguém." Tudo isso é mentira. É um autoengano para aliviar sua consciência. Alguns de vocês até podem pensar "Não, não, não. Isso não se refere a mim. Eu sou a exceção à regra, e eu tenho boas razões." Talvez você até use versículos fora do contexto para justificar. No quarto estágio, o pecado leva a uma perda de força de vontade. Você não consegue parar.

Você tenta parar. Talvez você tenha a vitória por pouco tempo, mas eventualmente você cai novamente. O pecado te venceu. Ele agora reina sobre você como um falso deus e um salvador funcional. E então, no quinto estágio, ele conduz a uma distorção da atenção. Agora você está pensando sobre isso o tempo todo. Planejando sobre isso o tempo todo. Anseia por isso o tempo todo.

Você se torna mais frequente em sua satisfação do seu desejo ilícito. Torna-se mais intenso. Você passa da pornografia para uma pornografia mais intensa e cada vez mais depravada. De repente, não é apenas ocasionalmente, é frequente e regular. E há uma distorção da atenção. Ou você passa de um caso eventual para um relacionamento ilícito e pecaminoso cada vez mais intenso.

Pessoas que eu lidei com que são em casos extremos passavam de seis a oito horas por dia online, navegando em sites inapropriados. Eles planejam viagens de negócios. E toda a sua vida em torno de como se reunir em casas de massagem decadente e conectar-se com prostitutas e fazer o inominável. Dinheiro, tempo, energia torna-se desproporcionalmente focados e há uma completa distorção e se perde totalmente a perspectiva.

Isso porque o pecado leva à morte, e você não pode manter o pecado sob controle. Ele simplesmente continua crescendo até que ultrapassa tudo o que é bom. É por isso que eu incentivaria a todos nós ocasionalmente nos desligar. Nossa consciência pode se tornar muito adormecida. E nosso raciocínio pode se tornar muito corrompido. Eu diria que, ocasionalmente, é bom para alguns dias, ou mesmo algumas semanas. Não assistir televisão. Não ouvir a rádio. Não ouvir música no rádio. Não ouvir o seu iPod.

Não folhear suas revistas. Basta ir ao trabalho, responder aos emails que você precisa. Não navegar na Internet. Apenas ler a Bíblia e orar. E depois de alguns dias ou semanas. Ver se você não interpreta de forma mais clara a intensidade da tentação sexual que está sendo constantemente gritada em seu ouvido a partir da cultura. Coisas que não incomodavam você irão incomodar.

Coisas que você não via, então você vai ver. Coisas que antes você achava que não eram um problema você vai obviamente ver que são. É bom para reiniciar - jejuar da tentação, e em seguida voltar com a mente de Cristo. Isso também vai nos ajudar a ver o pecado sexual como Deus vê. Olhar a partir da perspectiva de Deus, através da sua palavra. Talvez a igreja mais pervertida no Novo Testamento é a igreja em Corinto.

O Exemplo De Corinto

Eles são uma igreja jovem e urbana, como a Mars Hill, em Seattle, e eles são repetidamente e sonoramente repreendidos por seu pastor, Paulo. Ele começa em I Coríntios 5, a repreender um estilo de vida alternativo. Este homem está com a sua madrasta.

E tenho certeza que o argumento era: "Nós somos adultos responsáveis. Nós não estamos prejudicando ninguém. Nós nos amamos. Nós nos preocupamos com o outro. Nós somos uma boa ideia." E Paulo diz: "Isso é nojento. E é desprezível. E é deplorável." E então nós não podemos esperar que os não cristãos pensem como cristãos.

Mas, se alguém está na Igreja e afirma ser um cristão, temos que mantê-los ao padrão de Deus na sua Palavra, e nós temos que julgá-los e chamá-los ao arrependimento. E se eles se recusarem, é preciso expulsá-los da Igreja, para que o resto das pessoas na Igreja não sigam o seu exemplo pervertido. E eu sei que existem centenas, talvez milhares de pessoas em Mars Hill que se enquadram nesta categoria.

Fornicação - relações sexuais antes do casamento - adultério - sexo fora do casamento. bissexualidade, homossexualidade, pornografia, luxúria de todos os tipos e costumes pervertidos. E Paulo diz que, se somos cristãos, temos que julgar uns aos outros. Temos que julgar a nós mesmos. Caso contrário, vamos estar diante do tribunal de Deus, e então será tarde demais. Paulo então se move em I Coríntios 6 e diz: " Não erreis:

Nem os devassos, nem os idólatras, nem os adúlteros, nem os efeminados, nem os sodomitas,[...] herdarão o reino de Deus" .Deus diz ter um estilo de vida, que caminha habitualmente no pecado sexual é um assunto tão sério, que você pode ir para o inferno por isso. E você irá, se não se arrepender em Jesus. Em seguida, em I Coríntios 10, Paulo diz: "Não esqueça o testemunho do Antigo Testamento do meu povo.

Ou pelo menos afirmava pertencer a mim. Deus conhecia seu coração: 'Eles tinham tanto pecado sexual que eu fiquei tão cansado e enojado com eles, que em um dia, eu matei 23.000 pessoas de uma vez só." Deus pode, faz e vai matar. Deus pode, faz, e vai julgar. Deus pode, faz, e condenará para sempre no eterno tormento do inferno aqueles que adoram sexo em vez de adorar a Ele. E essa é a questão.

Muitos de vocês pensam que a sexualidade é apenas mais uma entre uma infinidade de problemas em sua vida. Você pensa que pode ter vitória no resto de sua vida, mas você se desculpa nesta área, como se isso fosse apenas uma parte de sua vida e não algo que influencia a totalidade de sua identidade e prática.

O que nós estamos falando aqui é um conflito entre dois deuses, duas religiões, duas visões de mundo, duas morais, duas ideologias. Um que é de luz, uma que é das trevas. Aquele que é da vida, aquele que é da morte. Um que é de Deus; um que é de Satanás. E se expressa sexualmente. Sexo é a maneira que as pessoas que não conhecem a Deus adoram. Eles adoram o sexo, e não a Deus. Eles adoram o sexo como deus. Eu vou provar isso para você. Vamos para os Dez Mandamentos em Êxodo 20.

E ali, vemos que este é um assunto tão importante, que o próprio Deus, com o seu dedo proverbial, escreve os Dez Mandamentos em duas tábuas de pedra. O primeiro mandamento é este - há um só Deus. O segundo mandamento é que devemos adorar somente um Deus, que é o nosso Criador que nos fez. O sétimo mandamento, então, é:

"Tu não cometerás adultério."

E o décimo mandamento é: "Não cobiçarás", incluindo cobiçar a mulher do teu próximo, que é a luxúria/lascívia. Agora, alguns diriam que estes são dez coisas que Deus não quer que façamos. Martinho Lutero, o grande reformador, disse: "Na verdade, a chave é entender que, se obedecermos os dois primeiros mandamentos, não vamos quebrar os outros."

Que se há um só Deus, então o sexo não vai ser o vosso Deus . E se você adora um Deus, então você não vai cometer adultério. Que se Deus é o seu Deus e luxúria não é o seu deus, então você não será culpado de cobiçar o cônjuge de alguém, nem de olhar para as outras pessoas de uma forma sensual, pessoas que não são casadas com você e que não deveria gerar qualquer desejo sexual em você.

Quem É O Seu Deus?

Assim, a verdadeira questão é esta – quem, ou o que é o seu deus?

Essa é a resposta que se manifesta na sua tomada de decisão sexual. Se você escolher o sexo, você está dizendo, "Eu adoro sexo, não Deus." Se você está escolhendo o adultério, ou a pornografia ou a prostituição, ou a homossexualidade, bissexualidade ou, ou seja o que for, você está dizendo: "Eu nego o primeiro mandamento. Não há um só Deus. Eu nego o segundo mandamento. Recuso-me a viver em adoração a Deus. Em vez disso, eu escolhi o corpo, seus prazeres, meu corpo e seus prazeres como meu deus, e eu vivo para adorar sexo, o corpo, a nudez, e o prazer." Tudo é idolatria. Na sua raiz, é tudo paganismo.

"O oposto do cristianismo," Peter Kreeft, um grande filósofo, diz, "não é o ateísmo, mas a idolatria. Nós somos todos adoradores. Todos nós adoramos alguém. Todos nós adoramos algo. Nós todos nos damos para alguma pessoa, algum sentimento, alguma experiência, ou alguma coisa."

E os Dez Mandamentos nos diria, devemos nos dar somente a Deus, e devemos viver para adorá-lo. E se o fizermos, não seremos pervertidos. Nós não seremos os ladrões. Nós não seremos cobiçosos. E não seremos assassinos, porque as pessoas que sabem que há um só Deus e que o adoram. Sua conduta não se assemelha aqueles que adoram alguém ou alguma coisa que não seja Deus.

Venha comigo, então, a Romanos 1, e o que vamos ver aqui é que Paulo prega sobre este grande tema. Esta é a maneira de enxergarmos todos os pecados, e nós vamos aplicá-la em particular para o pecado sexual. O problema com o pecado sexual é tratá-lo como se fosse um pecado isolado, e não ser tratado como todos os outros pecados. O coração tem toda a sua idolatria, os falsos deuses, e falsa adoração, e isso se mostra em relação a comida, sexo, poder, dinheiro, orgulho, etc. Essas são só maneiras diferentes que o coração manifesta sua depravação.

Mas, afinal, embora o fruto seja diferente, a raiz é a mesma. Quem é Deus? Por que você está vivo? E quem ou o que você está adorando? É por isso que eu tenho que mencionar o quão importante é esta questão. Clubes de strip não são clubes de strip - eles são templos pagãos. Web sites sujos não são apenas sites sujos, eles são templos pagãos digitais. Você está participando de algo que não é apenas errado, mas em seu coração você é uma idolatria.

Paulo aborda esses temas em Romanos 1, começando no versículo 18, escrito para uma igreja urbana como a nossa, em um país de destaque. "Porque do céu se manifesta a ira de Deus..." E da ira de Deus aqui é passiva, não ativa. Ira ativa de Deus é quando ele mata alguém e envia essa pessoa para o inferno. Ira passiva de Deus é quando ele permite que eles façam o que quiserem.

Isso significa que, agora, cada pessoa que está logado em um site ruim, dormindo por aí com alguém que não é seu cônjuge, está enfrentando a ira passiva de Deus. "Porque do céu se manifesta a ira de Deus sobre toda a impiedade e injustiça dos homens. Que detêm a verdade em injustiça."

Eis o problema. Sabemos o que é certo, sabemos o que está errado, nós apenas não gostamos do que é certo. Nós suprimimos a verdade. No cristianismo, isso inclui as justificativas tolas, como observei anteriormente, "Não é isso que diz o hebraico. Não é assim que Deus me vê.

Deus me dá a cláusula de exceção. Nós evoluímos para além da cultura primitiva. Eu tenho minhas próprias opiniões. E etc." Tudo isso é justificativa tola e Deus não aceita. Vocês precisam saber que você tem recebido um fluxo interminável de mentiras.

"É só sexo. É apenas o corpo, mas não afeta a alma. Ela não afeta o espírito. Ele não me separar de Deus. Ele não tem qualquer influência real sobre o meu futuro." Isso é mentira. Deus se importa com seu corpo. Todos os dias têm pessoas se levantando e saindo da igreja sabe por quê? Porque preferem estar nus, a ter Jesus. Eles combatem a verdade. Eles argumentam contra ela.

Fazem lobby contra ela. Eles protestam. Eles raciocinam. Eles vão para a faculdade. Eles se tornam terapeutas e psicoterapeutas e psicólogos e conselheiros, e eles tentam legitimá-lo, e é apenas uma supressão da verdade "para a injustiça dos atos." Não é tão complicado. Eles só querem ser Deus, e eles querem fazer o que quiserem. E eles não querem que o verdadeiro Deus diga a eles que é errado. Paulo prossegue. Ele fala da lei natural, começando no versículo 20: "Porque as suas coisas invisíveis, desde a criação do mundo, tanto o seu eterno poder, como a sua divindade,, se entendem, e claramente se veem pelas coisas que estão criadas, para que eles fiquem inescusáveis."

Nesta seção, Paulo está dizendo que Deus colocou a consciência em nós, por isso sabemos o que é certo e errado. E Deus colocou a criação em torno de nós para nos mostrar o quão grande ele é, por isso estamos sem desculpa. Sabemos que Deus existe, e ele é maior do que nós. E sabemos que há certo e errado, e que devemos obedecer a Deus. "Porquanto, tendo conhecido a Deus," - versículo 21 - "não o glorificaram como Deus.

Nem lhe deram graças, antes em seus discursos se desvaneceram, e o seu coração insensato se obscureceu." Você pensa em uma pessoa cega conduzindo outros cegos. Espiritualmente, é o que ele está falando. "Dizendo-se sábios, tornaram-se loucos. E mudaram a glória do Deus incorruptível em semelhança da imagem de homem corruptível, e de aves, e de quadrúpedes, e de répteis. Por isso também Deus os entregou às concupiscências de seus corações, à imundícia, para desonrarem seus corpos entre si;" Deus os entregou para seus desejos lascivos.

Ele permitiu que eles fossem para a impureza. Deus fez nossos corpos puros e honráveis, mas coisas que as pessoas fazem com seus corpos são desonráveis e impuras. Paulo diz isto: "Há uma verdade, e há uma mentira." A verdade é esta - há um só Deus. Ele nos fez. Nós vivemos para adorá-lo e desfrutar a criação que ele nos deu.

A mentira é que nós somos deuses, e que nós poderíamos adorar as coisas que Deus fez, em vez do próprio Deus, o Criador. Há uma inversão no paganismo ou idolatria (essas palavras são sinônimos), sendo que no cristianismo nós adoramos o Deus Criador e desfrutamos das coisas criadas.

E no paganismo e idolatria, assim como a violação dos dois primeiros mandamentos, nós adoramos as coisas criadas que Deus fez, não o Deus Criador que os fez. Você diz: "O que isso tem a ver com sexualidade?" Aqui está o ponto crucial. Tudo o que o Senhor Deus fez em Gênesis 1 e 2 era bom. Deus fez o homem e a mulher, macho e fêmea, gênero, corpo, a criação física da estrutura anatômica humana, declarou ser tudo "muito bom".

O ápice, o coroamento, o aspecto mais belo da criação de Deus é o corpo humano. É por isso que o paganismo leva ao pecado sexual, pois aqueles que adoram a criação, em vez do Criador, invariavelmente, buscam o corpo, os seus prazeres, os seus sentimentos, sua nudez, e eles adoram o corpo. Eles adoram os sentidos do seu corpo, e eles adoram a exposição do corpo dos outros para o seu prazer. Se você adora a criação, você acaba como um pervertido. Não é apenas uma questão sexual. É uma questão de culto. Trata-se da questão:

"Quem é Deus, e o que é adoração? E por que eu existo - para glorificar o Criador ou a criação?" A inversão arruína e destrói tudo o que Deus planejou. Alguns de vocês devem estar tentando minimizar seu pecado, dizendo: "Bem, sim, eu tenho alguns pecados sexuais, mas no geral, minha vida está em ordem. E eu só tenho essa área que eu estou lutando." Se você está lutando com a área sexual então você está lutando com a questão principal:

"Quem é Deus? E você adora o Criador ou a criação? Você é cristão ou pagão? Você é adorador ou idólatra?" Essa é a questão. Por esta razão, no versículo 26, Paulo, então, fala sobre como a adoração da criação em vez do Criador, e como o paganismo e a idolatria conduz ao pecado sexual. Ele vai condenar aqui o lesbianismo, o homossexualismo, e todos os outros tipos de pecado. "Por isso Deus os abandonou às paixões infames. Porque até as suas mulheres mudaram o uso natural, no contrário à natureza."

Essa é a mais clara condenação do lesbianismo na Bíblia. "E, semelhantemente, também os homens, deixando o uso natural da mulher, se inflamaram em sua sensualidade uns para com os outros. Homens com homens, cometendo torpeza e recebendo em si mesmos a recompensa que convinha ao seu erro."

"E, como eles não se importaram de ter conhecimento de Deus, assim Deus os entregou a um sentimento perverso. Para fazerem coisas que não convêm;" Sua mente não funciona mais. Eles não entendem qual é o grande problema. Se eles não conhecem a Jesus e você conversar com as pessoas que estão em pecado sexual.

240

Eles vão pensar que você não está fazendo nenhum sentido. "Estando cheios de toda a iniquidade, prostituição, malícia, avareza, maldade; cheios de inveja, homicídio, contenda, engano, malignidade.

Sendo murmuradores, detratores, aborrecedores de Deus, injuriadores, soberbos, presunçosos, inventores de males, desobedientes aos pais e às mães; Néscios, infiéis nos contratos, sem afeição natural, irreconciliáveis, sem misericórdia. "Veja, o problema é que o pecado continua crescendo até que leva à morte e a destruição de toda a vida. Então ele conclui:

"Os quais, conhecendo a justiça de Deus (que são dignos de morte os que tais coisas praticam), não somente as fazem, mas também consentem aos que as fazem." Eles fazem desfiles, criam sites na web e organizações. Eles angariam fundos. E fazem campanhas de apoio. Fazem publicações em revistas. E promulgam sua visão de mundo. E eles são evangelistas para a sua religião, para levar os homens a se tornarem pervertidos e adorarem a criação em vez do Criador.

E às vezes eles fazem tudo isso de maneira muito convincente, muito tentadora. — PECADO SEXUAL — *Baseado em sermão do pastor Mark Driscoll, da igreja Mars Hill Church de Seatlle (http://marshillchurch.org); Traduzido, revisado e editado por Beatriz Rustiguel da Silva.*

Conclusão

O amor é um sentimento inexplicável, seus mistérios vão além daquilo que o homem mortal pode entender. E, se este dom de Deus é assim tão insondável na sua total plenitude, imaginemos nós como deve ser o seu Criador. O Senhor nos ama de uma forma tão perfeita que jamais seremos capazes de explicar ou sentir plenamente, apenas imaginar numa pequena porção como meros pecadores limitados que somos. Espero que, através deste sucinto comentário possa ter contribuído para enaltecer a sublime forma dele nos amar.

Biografia

Abdenal Carvalho é brasileiro, maranhense, nascido em 1965 na cidade de Caxias Maranhão, residindo desde 1986 na cidade de Belém do Pará. PHD pela Faculdade de Teologia das Assembleias de Deus, membro da CADB – Convenção das Assembleias de Deus do Brasil/CPB – Comissão de Pastores do Brasil. Palestrante e Escritor, com diversos títulos publicados sobre as Escrituras Sagradas.

Bibliografia

https://www.conhecendodeus.com/a/espera.html

Ellen White – O Conflito dos Séculos – Como Começaram as Trevas Morais

Ellen White – O Conflito dos Séculos – Um Povo Que Difundem a Luz

Ellen White – O Conflito dos Séculos – Arautos de Uma Era Melhor

Vida de Lutero – Barna Sears

História da Vida e Sofrimento de João WyCliffe – Por: Reverendo J. Lewis

Vida e Opiniões de João WiCliff – Por: Vaughan

Atos e Monumentos – Por: Fox

História Eclesiástica da Bretanha – Por: T. Fuller

Bíblia de Aplicação Pessoal - Versão Almeida e Corrigida, edição de 2003 – Casa Publicadora das Assembleias de Deus

>> Publicado na Revista Palavra Viva – *Os seres humanos e a queda*, 4º trimestre 2010 >> Autoria das Lições: Vagner

— Apóstolo Miguel Ângelo

— *Marilyn Adamson*

— <u>Pr. Roberto Biagini</u>

— PECADO SEXUAL - *Baseado em sermão do pastor Mark Driscoll, da igreja Mars Hill Church de Seatlle (http://marshillchurch.org); Traduzido, revisado e editado por Beatriz Rustiguel da Silva.*